Le droit à la mort

Le droit aujourd'hui

La collection « Le droit aujourd'hui » regroupe des études juridiques concernant des problèmes d'actualité nationale et internationale, dans divers domaines (éthique, politique, questions de société…).

Dernières parutions

Béatrice BLOHORN-BRENNEUR (dir.), *Médiation, écologie, environnement et intelligence artificielle*, 2024.
François GERBER, *Tempête Xynthia. La responsabilité des acteurs locaux dans les conséquences de la submersion*, 2023.
Olivier SALOMON, *Interprétation artistique et propriété intellectuelle, Essai d'une théorie du voisinage des droits exclusifs au sein de la propriété littéraire et artistique*, 2023.
Sarah TOUBAL, *Le rebond du débiteur. Contribution à l'étude du droit de la défaillance économique,* 2023.
Claire BORREL, Loïc PELISSIER, Abélisse PINCHON, *Altruisme et Droit*, 2023.
Cristina Elena POPA TACHE, *Le dynamisme du droit international public contemporain et la transdisciplinarité,* 2023.
Charles COLOMAR, *Le droit de l'art en question(s). 20 réponses juridiques sur des thématiques artistiques*, 2023.
Marcel Yannick MISONGUI, *La protection juridictionnelle par la Cour de justice dans l'ELSJ et la PESC après le Brexit*, 2023.
François CAMPAGNOLA, *Précis de droit de l'énergie*, 2023.
Sébastien DEMAY, *La charge de travail à l'ère du numérique*, 2023.
Meganne NATALI, *Le droit international face au trafic illégal de biodiversité sauvage,* 2023.
Rahma BENTIROU MATHLOUTHI (dir.), *Proportionnalité, droits fondamentaux et juge, Proportionality, fundamental rights and judges*, 2023.
Aécio Filipe COELHO FRAGA DE OLIVEIRA, *L'exécution des mesures à titre provisoire rendues par un tribunal arbitral situé à l'étranger*, 2022.

Anaïs Vial

Le droit à la mort

Préface de Jacques Petit

L'Harmattan

5-7, rue de l'École-Polytechnique, 75005 Paris

http://www.editions-harmattan.fr

ISBN : 978-2-336-44738-4
EAN : 9782336447384

Les opinions exprimées dans cet ouvrage sont propres à leur auteur et n'engagent ni l'Université de Rennes ni le directeur du travail de recherche effectué.

REMERCIEMENTS

Je souhaite d'abord exprimer ma profonde reconnaissance à mon directeur de mémoire, Monsieur le Professeur Petit pour sa disponibilité et ses précieux conseils tout au long de la rédaction de ce mémoire.

Je remercie ensuite tous ceux qui ont pu m'apporter de l'aide et du soutien .

Je remercie Rémi pour sa présence au quotidien, sa bienveillance et ses encouragements constants. Merci de croire en moi. Merci également pour l'aide précieuse dans la mise en page de cet ouvrage réalisée avec Latex.

Je souhaite enfin témoigner toute ma gratitude et mon amour à ma Maman qui a toujours été là pour moi. Merci pour tout.

PRÉFACE

La publication du mémoire que Madame Vial a consacré, dans le cadre du master 1 de droit public de l'Université de Rennes, au droit à la mort, est, à maints égards, des plus heureuses. Elle l'est d'abord pour un motif qui m'est propre. Le travail que l'on va lire révèle l'éclosion d'un talent intellectuel prometteur. C'est ce qu'espère tout professeur et le but auquel il tend. Sous ce rapport, la direction du mémoire de Madame Vial m'a comblé. Sur un plan plus intellectuel et général, les réflexions de l'auteure se présentent comme une contribution éclairante et stimulante aux débats en cours, notamment en France, sur la légalisation du suicide assisté ou de l'euthanasie active. A cet égard, il est, à l'évidence d'une actualité qui peut, sans excès, être qualifiée de brûlante, tant cette question, douloureuse et complexe, est disputée. Les parties prenantes à ces discussions sont, comme le requiert la multiplicité des aspects du problème, fort diverses : simples citoyens, médecins, philosophes, autorités religieuses, spécialistes de la bioéthique. Mais les juristes ont, eux aussi, leur mot à dire dès lors qu'en définitive, dans une société démocratique, c'est à la loi qu'il revient, après un débat public aussi ouvert que possible, de donner aux interrogations suscitées par la fin de vie, les réponses qui s'imposeront à tous. C'est naturellement sur ce terrain du droit et, plus précisément, sur celui de la théorie des droits fondamentaux, que se place l'étude de Madame Vial. Ce n'est pas à dire, il faut le souligner, que cette étude serait « purement » juridique au sens, intellectuellement desséchant, que le kelsénisme donne à cet adverbe, c'est-à-dire celui d'une étude débarrassée de toutes les données (morales, sociales, politiques, religieuses, etc) extérieures aux normes juridiques. Ces données, tout au contraire et combien avec raison, l'auteure sait les inclure dans sa réflexion, dont l'étendue apparait ainsi remarquable. L'auteure ne prétend pas davantage à une quelconque « neutralité axiologique ». Elle ne dissimule pas qu'elle verrait avec faveur la consécration par le droit français du droit à la mort tel que le conçoit. Il va sans dire que cette position est tout aussi respectable que celle de ses adversaires. Il est permis aussi d'hésiter. Je me range dans cette catégorie.

Le premier apport du travail présenté réside dans une très utile clarification conceptuelle. Celle-ci est le fruit du remarquable travail de construction du concept de droit à la mort auquel se livre Madame Vial. Selon des idées généralement admises, sur lesquelles l'auteure s'appuie, un droit (subjectif) est un intérêt qui, étant socialement légitime, se trouve juridiquement protégé, grâce à l'attribution, à son titulaire, des facultés qui en permettent la réalisation. Sur cette base, la définition du droit à la mort qui ressort de l'étude peut être exprimée de la façon suivante : ce droit consiste dans la faculté, pour une personne qui veut mourir, d'obtenir, si elle remplit les conditions qui rendent socialement légitime sa volonté, d'obtenir l'aide active d'un tiers (pratiquement, un médecin). Cette aide peut prendre la forme du suicide assisté (le médecin délivre une ordonnance permettant l'acquisition d'une substance létale) ou celle de l'euthanasie active (le médecin procède lui-même à l'administration de la substance létale). Ainsi caractérisé, le droit à la mort se distingue d'autres prérogatives juridiques qui, elles, sont consacrés par le droit positif français. Ainsi, d'abord, de la liberté de se suicider, parce que le suicide ne comporte pas l'intervention d'un tiers (critère de l'altérité, dans la terminologie de l'auteure). Le droit à la mort se différencie aussi d'autres droits relatifs à la fin de vie qui permettent d'obtenir d'un médecin l'accomplissement d'actes qui ne visent pas délibérément à provoquer la mort (critère de la finalité) : les soins palliatifs, qui visent à supprimer ou apaiser la souffrance ; l'arrêt d'un traitement dont la continuation constituerait un acharnement thérapeutique (parfois dit « euthanasie passive »), qui n'a pas la mort pour but mais seulement pour résultat (et à un moment indéterminable, alors que le droit à la mort, précisément parce qu'il porte sur un acte visant délibérément à provoquer celle-ci, permet d'en arrêter précisément la date). Tout cela me semble parfaitement convaincant.

Poursuivant son œuvre de clarification conceptuelle, Madame Vial passe de la définition à la qualification juridique. En d'autres termes, elle s'attelle ensuite à déterminer dans quelle catégorie de droits fondamentaux le droit à la mort doit être rangé. Reprenant la distinction classique entre libertés (qui n'imposent à autrui et notamment à l'Etat que l'obligation négative de ne pas en empêcher l'exercice) et droits-créances (qui permettent d'exiger d'un tiers et avant tout de l'Etat des actes positifs), l'auteure rattache le droit à la mort à ce second type de droits. Cette position est assurément la plus défendable.

Eclairant sur le plan conceptuel, le travail de Madame Vial est aussi stimulant. Cela concerne surtout sa seconde partie. Même si elles ne convainquent pas toujours, les idées avancées dans celle-ci donnent constamment à réfléchir. Un ou deux exemples de ces réflexions peut être donné ici. Le premier concerne les développements que l'auteur consacre aux rôles respectifs du législateur et du juge dans l'hypothétique adoption d'un droit à la mort. En la matière, la loi lui parait préférable à la jurisprudence au motif (en bref) qu'elle garantirait mieux la stabilité de ce droit. Cela semble juste mais, à mes yeux, le point essentiel est ici celui de la légitimité. Je ne crois pas que, dans une démocratie, il puisse appartenir à des juges, qui ne sont pas élus, d'imposer à une société (voire, pour la Cour européenne des droits de l'homme, à toutes les sociétés des Etats membres du Conseil de l'Europe), leur réponse (positive ou négative d'ailleurs) à une question aussi grave que celle du droit à la mortes, sous couvert de pseudo-interprétations de conventions internationales ou de constitutions qui, en réalité, n'en disent rien. La position de la Cour de Strasbourg qui reconnait que la Convention européenne des droits ni n'impose, ni n'interdit l'euthanasie active ou le suicide assisté mérite, de ce point de vue, être approuvée par tout démocrate. Sur ce terrain, les raisonnements subtils déployés par Madame Vial pour démontrer que le droit à la mort pourrait être inféré de certains principes ou droit constitutionnels ou conventionnels suscitent un peu d'inquiétude. Indépendamment même de ce point, juridico-politiquement, ces raisonnements me laissent dubitatif. On peine à saisir comment la liberté en général ou telle de ses composantes pourrait servir d'assise à un droit qui, de l'aveu même de l'auteure, n'est pas une liberté. Si le principe dignité peut, assurément, être compris comme interdisant l'acharnement thérapeutique, dans la mesure où celui-ci réduit le corps à une chose, l'interdiction d'un tel acharnement suffit à satisfaire à cette exigence. De même, en admettant qu'une fin de vie digne doit exclure les souffrances insupportables, les soins palliatifs et la sédation profonde répondent à cet impératif. En réalité, si une consécration jurisprudentielle du droit à la mort exige nécessairement de rattacher à ce dernier à des normes existantes, ce n'est en rien le cas d'une affirmation législative. La loi n'est pas forcément du droit constitutionnel (ou conventionnel) concrétisé. Dès lors que la Constitution ni n'impose, ni n'interdit le droit à la mort, le Parlement, investi de la légitimité démocratique, a les mains libres. Il lui revient de déterminer si et à quelles conditions la volonté de mourir d'un individu mérite une protection juridique sous la forme d'une faculté d'obtenir une aide active sans qu'il soit besoin de démontrer que ces conditions (la souffrance insupportable, par exemple) se rattachent à des principes supra-législatifs (comme celui de la dignité).

Ces quelques remarques, sans doute trop rapides pour rendre justice à la finesse des analyses de l'auteure, ne remettent pas en cause l'intérêt de ces dernières. Elles relèvent du débat qui s'impose tout particulièrement dans la matière si sensible de la fin de vie. Suscitées par la lecture du travail de Madame Vial, elle entendent montrer combien celui-ci mérite la plus grande attention.

Jacques Petit

Table des matières

LISTE DES ABRÉVIATIONS

ADMD	Association pour le Droit de Mourir dans la Dignité
CCNE	Comité Consultatif National d'Éthique
CCO	Conseil constitutionnel
CDFUE	Charte des droits fondamentaux de l'Union européenne
CE	Conseil d'État
CEDH	Cour européenne des droits de l'homme Convention européenne des droits de l'homme
CESE	Conseil Économique Social et Environnemental
CFCEE	Commission Fédérale de contrôle d'évaluation de l'euthanasie
CJCE	Cour de justice de l'Union européenne

CourIDH	Cour interaméricaine des droits de l'homme
CRPA	Code des relations entre le public et l'administration
GPA	Gestation Pour Autrui
Ibid	Ibidem (dans le même ouvrage, dans le même passage)
ICSI	Intracytoplasmic sperm injection
Ifop	Institut français d'opinion publique
OMS	Organisation mondiale de la santé
QPC	Question prioritaire de constitutionnalité

INTRODUCTION

« Ô Adam, nous ne t'avons donné ni demeure déterminée, ni figure propre ni aucun don particulier, afin que tu aies et possèdes selon ton vœu et ta préférence la place, la figure, les dons que tu souhaiteras toi-même [...] tu définiras ta nature selon ta volonté au pouvoir de laquelle je t'ai mis ».
Jean Pic de la Mirandole, Discours sur la dignité de l'homme [1]

« Les hommes n'ayant pu guérir la mort, la misère, l'ignorance, ils se sont avisés pour se rendre heureux de n'y point penser » [2]. Bien que la mort ait été un sujet récurrent abordé par les grands philosophes antiques comme Platon qui énonçait que « La vie est le combat, ma mort est la victoire », sa nature profonde et la place de la décision humaine dans sa survenance n'étaient pas au centre de la réflexion. En effet, même si les différents courants philosophiques, matérialiste avec Épicure ou idéaliste avec Pythagore, s'interrogent à propos du

1 J. PIC DE LA MIRANDOLE, Discours sur la dignité de l'homme (1486), in Œuvres philosophiques, trad. O. Boulnois et G. Tognon, PUF, 1993, p.6. « Les propos tenus par Pic de la Mirandole en 1486 résonnent avec une acuité particulière au regard des vœux et des préférences aujourd'hui formulés par l'individu. Vouloir se mutiler, choisir l'instant de sa mort, se prostituer ou refuser de procréer sont des des revendications que le philosophe de la Renaissance n'était sans doute pas à même d'imaginer lorsqu'il affirmait le libre arbitre dont jouissait Adam ». V. S-M. FERRIÉ, Le droit à l'autodétermination de la personne humaine, Essai en faveur du renouvellement des pouvoirs de la personne sur son corps, Institut de recherche juridique de la Sorbonne, 2018

2 B. PASCAL, Pensées, Le livre de poche, Collection Classiques de poche, 2000

devenir humain lorsque la mort est advenue, ils n'envisagent que très peu l'incidence de la volonté humaine sur celle-ci même si le suicide tient une place toute particulière dans la pensée stoïcienne. Ainsi, Montaigne adopta une attitude épicurienne à la fin de sa vie et releva qu'il n'y avait pas d'intérêt à se préoccuper de sa mort avant qu'elle ne survienne si ce n'est souffrir [1]. Il en veut pour exemple un paysan voisin qu'il ne vit jamais « entrer en cogitation de quelle contenance et assurance il passerait cette heure dernière. Nature lui apprend à ne pas songer à la mort que quand il se meurt » [2]. Cette conception épicurienne qui veut que la réflexion autour de la mort ne soit pas un sujet, car inopérante quant aux plaisirs nécessaires, ne fait toutefois pas obstacle à la distinction entre les différentes manifestations de la mort.

Si la mort, du latin mors, signifie littéralement « la cessation de la vie », elle n'est pas toujours l'aboutissement naturel de la vie humaine. En effet, si cette mort peut survenir sans action humaine aucune, la volonté humaine peut également l'influencer et la provoquer. En cela, il apparaît nécessaire de distinguer différentes notions qui ne recouvrent pas la même signification ni n'impliquent pas les mêmes acteurs.

Le spectre de la mort, et d'un éventuel droit à celle-ci, s'étend de la mort décidée par un tiers, prohibée et condamnée car constitutive d'un meurtre, à la mort décidée par soi qu'est le suicide. Entre ces deux extrêmes coexistent des manifestations plus ou moins importantes

---

1 MONTAIGNE, Essais III, Chapitre XII « à la plupart, la préparation à la mort a donné plus de tourment que ne l'a fait la souffrance », Classiques Garnier, 2022

2 MONTAIGNE, Essais III, Classiques Garnier, 2022

de la mort en fonction du rôle tenu par le tiers. Ainsi, si le tiers peut intervenir en ce sens qu'il décidera que les souffrances du patient doivent être abrégées ce qui constituera une euthanasie passive ou des soins palliatifs selon l'approche envisagée, le tiers peut également prendre part au processus conduisant à la mort en donnant son aval à l'injection de la substance létale seulement, ce sera alors un suicide assisté, ou en l'injectant lui-même auquel cas, l'acte sera qualifié d'euthanasie active en ce que le praticien aura tenu un rôle actif dans l'acte entraînant la mort. La différence entre ces actes s'apprécie au regard du degré d'implication du tiers.

Dès lors, le problème qui se pose n'est pas celui d'une hypothétique consécration d'une liberté de mettre fin à ses jours car celle-ci existe en droit positif en ce sens que le suicide n'est pas prohibé. En effet, bien qu'elle ne fasse pas l'objet d'une consécration explicite en droit français, la Cour européenne des droits de l'Homme a pu affirmer, sur le fondement de l'article 8 de la Convention, que tout individu a droit à « l'autonomie personnelle » [1]. Ainsi, est admise la « faculté pour chacun de mener sa vie comme il l'entend » ce qui « peut également inclure la possibilité de s'adonner à des activités perçues comme étant d'une nature physiquement ou moralement dommageable ou dangereuse pour sa personne » [2]. Ainsi, c'est aux individus de « choisir leur conception de ce qui est convenable pour la réalisation de leurs intérêts » [3].

---

1 CEDH, 20 mars 2007, Tysiac contre Pologne, req. N°5410/03, § 107 et CEDH, 10 avril 2007, Evans contre Royaume-Uni, req. n°6339/50, § 71

2 CEDH, 29 avril 2002, Pretty contre Royaume-Uni, req. n°2346/02, § 61, AJDA, 2003, p. 1383, note Le BautFarrarèse

3 D. BORRILLO, Libre disposition de soi : un droit fondamental, 2015

Il en résulte qu'a priori, l'individu possède la libre disposition de son corps et qu'il peut donc mettre fin à ses jours comme il l'entend. Cette liberté connaît toutefois des limitations. En effet, l'article R.322-4 du Code pénitentiaire prévoit que « si une personne détenue se livre à une grève de la faim prolongée, elle ne peut être traitée sans son consentement, sauf lorsque son état de santé s'altère gravement et seulement sur décision et sous surveillance médicales ». De même, est puni l'abstention d'assistance à une personne en danger ce qui inclue la personne essayant de mettre fin à ses jours. Dès lors, la liberté de se suicider peut être considérée comme absolue quand l'individu n'implique pas un tiers dans le processus, c'est-à-dire que personne n'a connaissance de sa décision et de sa mise en œuvre, mais limitée à partir du moment où il y a présence d'un tiers.

Le problème tient donc davantage à la potentielle existence d'un droit-créance à l'égard d'un tiers. Autrement dit, si l'individu peut, en soi, choisir de mettre fin à ses jours, il ne peut pas exiger d'un tiers qu'il participe à sa mort en lui fournissant les substances létales ou en les lui injectant. Il s'agirait dès lors d'examiner dans quelle mesure cette possibilité pourrait être envisagée et sur quel droit ou sur quelle liberté, un tel droit-créance obligeant autrui pourrait être consacré.

Progressivement, les conditions de vie et de travail deviennent le centre des préoccupations. La fin de cette vie et donc la mort ont trouvé une toute nouvelle résonance. Par ailleurs, la conception du corps en tant qu'objet politique et juridique a, elle aussi, connu des évolutions. Ainsi, Foucault a montré, dans Surveiller et Punir, comment « il y a eu, au cours de l'âge classique, toute une découverte du corps comme objet et cible de pouvoir »[1]. Dès lors, contrôler l'individu, pour l'Etat, c'était avant tout rendre son corps docile[2]. A contrario, Tocqueville énonçait que « l'individu est le meilleur comme le seul juge de son intérêt particulier [...], chacun est le meilleur juge de ce qui ne regarde que lui seul »[3]. Selon lui, chaque individu devrait être à même de déterminer ce qu'il estime être le meilleur pour lui ; cette assertion s'appliquant également à la fin de vie. Cependant, cette vision de Tocqueville ne semble revendiquer qu'une liberté de se suicider et donc ne s'inscrit pas dans la revendication d'une aide médicale à mourir et partant, d'un droit à la mort.

Des voix se font alors entendre dans le sens d'une extension de cette autonomie personnelle afin d'assurer un certain droit à la mort résidant dans une aide médicale à mourir. Henri Caillavet, sénateur du Lot-et-Garonne, le premier, a déposé une proposition de loi en avril 1978

---

1 M. FOUCAULT, Surveiller et punir, Chapitre premier. Les corps dociles, Gallimard, 1975 ; selon Alain Viala l'âge classique français correspond à la période s'étendant de la fin du XVIe au début du XVIIIe siècle, L'Âge classique et les Lumières, PUF, 2015 ; Foucault, quant à lui, n'explicite pas la période à laquelle il fait référence en utilisant ce terme d'âge classique mais il apparaît vraisemblable qu'il fasse référence au XVIII e siècle car il énonce que « L'âge classique a vu naître la grande stratégie politique et militaire selon laquelle les nations affrontent leurs forces économiques et démographiques ; mais il a vu naître aussi la minutieuse tactique militaire et politique par laquelle s'exerce dans les États le contrôle des corps et des forces individuelles », Surveiller et punir, Chapitre premier. Les corps dociles, 1993

2 D. BORRILLO, Libre disposition de soi : un droit fondamental, 2015

3 A. (de) TOCQUEVILLE, De la démocratie en Amérique, livre I, partie I, chapitre V, GF Flammarion, 1981

demandant le droit à l'aide médicale à mourir[1]. Bien que cette proposition fût rejetée en 1980, les années qui suivirent virent tour à tour l'apparition de l'Association pour le droit à mourir dans la dignité (ADMD) en 1980 ou la création des premiers lits de soins palliatifs suite à la circulaire d'août 1986 « relative à l'organisation des soins et à l'accompagnement des malades en phase terminale »[2]. Ce n'est qu'en 1999 que le droit va, de manière retentissante, s'intéresser à la question à l'occasion du procès de Christine Malèvre infirmière ayant procédé à l'euthanasie de six patients.

Le Comité consultatif national d'éthique pour les sciences de la vie et de la santé (CCNE), créé en 1983, est alors saisi de la question d'une possible consécration d'une aide médicale à la mort. Dans son avis n°63 en date du 27 janvier 2000, le C.C.N.E. bien que rappelant son opposition de principe à une aide médicale à mourir, évoque de manière quelque peu surprenante la possibilité d'une « exception d'euthanasie »[3]. Il le justifie au regard des difficultés qui pourraient résulter d'un « décalage trop important entre les règles affirmées et la

---

1 Proposition de loi du Sénat n°735 relative à l'assistance médicalisée pour mourir enregistrée à la Présidence du Sénat le 31 juillet 2012

2 Circulaire du Ministère des Affaires Sociales et de l'Emploi relative à l'organisation des soins et à l'accompagnement des malades en phase terminale, 26 août 1986

3 « L'acte d'euthanasie devrait continuer à être soumis à l'autorité judiciaire. Mais un examen particulier devrait lui être réservé s'il était présenté comme tel par son auteur. Une sorte d'exception d'euthanasie, qui pourrait être prévue par la loi, permettrait d'apprécier tant les circonstances exceptionnelles pouvant conduire à des arrêts de vie que les conditions de leur réalisation », Avis n°63 « Fin de vie, arrêt de vie et euthanasie » du C.C.N.E., page 10, 27 janvier 2000

réalité vécue » [1]. Bien que ces considérations ne doivent pas, selon lui, conduire à une quelconque dépénalisation de l'euthanasie, il ne faut pas non plus que perdure une situation de « déni d'éthique » [2] constatée dans la réalité de manière plus ou moins clandestine et se manifestant de « façon inégalitaire et anarchique » [3]. De ce fait, le législateur est invité à se saisir de cette question afin de clarifier la situation et de ne pas laisser les magistrats dépourvus d'un appui légal adapté au temps et aux circonstances lorsqu'il s'agit de traiter des affaires y étant relatives.

Bien que des lois du 9 juin 1999 [4] et du 4 mars 2002 [5] aient garanti les droits fondamentaux des malades ainsi que le droit d'accès aux soins palliatifs, ce n'est qu'avec la loi du 22 avril 2005 dite « Loi Leonetti » qu'une avancée, réduite certes, mais une avancée tout de même est réalisée. En effet, cette loi « a sécurisé et renforcé les capacités d'autodétermination des usagers se trouvant en situation de fin de vie » [6] selon les mots de Jean-Marc Sauvé en 2015 alors vice-président du Conseil d'État. Ainsi, elle pose un cadre général autorisant aussi bien la limitation que l'arrêt des traitements dans les situations de fin de vie. Toutefois, cette loi contrairement à ce que

1 Avis n°63 C.C.N.E., page 10, 27 janvier 2000

2 Ibid

3 Ibid

4 LOI n° 99-477 du 9 juin 1999 visant à garantir le droit à l'accès aux soins palliatifs

5 LOI n° 2002-303 du 4 mars 2002 relative aux droits des malades et à la qualité du système de santé

6 Discours de Jean-Marc Sauvé, Vice-président du Conseil d'État prononcé à l'occasion du Colloque organisé par l'Université Lille 2 « La fin de vie saisie par le droit : le droit de la fin de vie » à Lille, le 24 février 2015

certains ont pu penser ne doit pas être encensée en ce qu'elle ne représente pas le point d'acmé tant attendu. En ce sens, les directives anticipées, grande nouveauté, ne sont que consultatives et doivent être régulièrement renouvelées. Les soins palliatifs, eux, sont posés en dispositif permettant de résoudre toutes les situations mais intègrent toutefois « la suppression de l'hydratation », acte propre à entraîner des souffrances supplémentaires pour le patient sans que les conséquences effectives n'en soient réellement connues. L'ambiguïté demeure également quant à l'usage du terme de « double effet des médicaments », double effet théorisé par Thomas d'Aquin [1]. Dans cette loi de 2002, ce terme prend le sens d'une mise en balance des intérêts pour le patient de bénéficier des soins palliatifs face aux risques qu'ils pourraient entraîner. Cette expression n'est pas précisément définie et aucun critère concret ne permet de déterminer les arguments au regard desquels les médecins doivent prendre leur décision. Cette loi refuse toute aide médicale à mourir et reste suffisamment imprécise pour être adoptée à l'unanimité par l'Assemblée Nationale et suffisamment ambiguë pour la rendre difficilement applicable. En effet, elle ne se prononce pas explicitement sur les droits des patients en eux-mêmes et, parce qu'elle ne réalise pas une avancée remarquée dans le domaine de la fin de vie, les médecins n'en ont que peu connaissance et par conséquent, les patients encore moins [2].

Malgré l'importance donnée à cette loi de 2005 consa-

1 T. D'AQUIN, Somme théologique, Les éditions du Cerf, 1984

2 J. LEONETTI, Rapport fait au nom de la Commission des affaires sociales sur la proposition de loi visant à renforcer les droits des patients en fin de vie, enregistré à la Présidence de l'Assemblée nationale le 17 avril 2013

crant le droit au laisser mourir, les effets escomptés ne suivent pas. En témoignent les différentes affaires judiciaires grandement médiatisées où des soignants, aussi bien infirmières que médecins, sont mis en examen pour avoir donné la mort à leurs patients estimant que la loi n'était pas suffisante et n'empêchait pas les souffrances de se manifester. L'affaire du docteur Bonnemaison a relancé le débat sur la question de la fin de vie notamment après sa condamnation en octobre 2015 pour avoir volontairement donné la mort à l'une de ses patientes alors qu'il justifiait ses gestes par la volonté d'abréger les souffrances endurées. Cette affaire ne fait que marquer davantage, si besoin en est, l'importance d'adopter de nouvelles législations ; en ce sens, le rapport Sicard de décembre 2012 et l'avis du C.C.N.E. de juin 2013 ne font qu'appuyer ces dires. Septembre 2014 voit l'apparition de la mission Claeys-Léonetti qui aboutira le 27 février 2016 au vote définitif de la loi « créant de nouveaux droits en faveur des malades et des personnes en fin de vie » par les deux assemblées. Cette loi instaure le droit à la « sédation profonde et continue [...] jusqu'au décès » [1] à la « demande du patient » [2]. L'autre apport majeur de la loi Claeys-Léonetti concerne les directives anticipées. Alors qu'elles n'étaient émises que facultativement, elles « s'imposent [désormais] au médecin » [3] selon cette loi. Toutefois le juge qu'il soit constitutionnel ou administratif est venu porter un coup d'arrêt ou tout du moins un infléchissement à ce principe qui paraissait absolu. En effet, la juridiction administrative suprême a

1 LOI n° 2016-87 du 2 février 2016 créant de nouveaux droits en faveur des malades et des personnes en fin de vie, article 3

2 Ibid

3 Ibid

confirmé, suite à la décision du Conseil constitutionnel [1], le « pouvoir reconnu à un médecin de ne pas appliquer des directives anticipées inappropriées ou non conformes à la situation médicale du patient en application de l'article L. 1111-11 du code de la santé publique » [2]. Dans la continuité, les deux décrets d'application, pris après l'avis du Conseil d'État, du 3 août 2016 ont défini la procédure collégiale d'arrêt des traitements et de mise en œuvre de la sédation profonde et continue jusqu'au décès ainsi que le nouveau régime juridique des directives anticipées.

Aucun nouveau texte n'a depuis été adopté même si des propositions ont pu donner lieu à des débats tant à l'Assemblée Nationale qu'au Sénat. Toutefois, les discussions ayant eu lieu respectivement les 8 avril et 11 mars 2021 ont avorté. A l'issue de l'avis « Questions éthiques relatives aux situations de fin de vie : autonomie et solidarité » du C.C.N.E rendu public le 13 septembre 2022 [3], le Conseil économique, social et environnemental (CESE) a organisé une convention citoyenne d'octobre 2022 à mars 2023 dans le but de mener une réflexion collective tant avec les Français qu'avec les professionnels de santé concernés.

Il est des sujets sur lesquels il n'existe pas de consensus tant au niveau européen qu'au niveau mondial. Ainsi, la Cour européenne des droits de l'homme a affirmé qu'il n'existait pas « un droit à mourir » corrélé à l'article 2 de la Convention relatif au droit à la vie [4]. De même,

1 QPC, 10 novembre 2022, n°2022-1022
2 CE, 29 novembre 2022, n° 466082
3 Avis n°139 C.C.N.E., 13 septembre 2022
4 CEDH, 29 avril 2002, Pretty contre Royaume-Uni, req.

elle a soutenu que le droit à la vie privée ne saurait fonder une hypothétique consécration d'une obligation positive qui obligerait les États à adopter des mesures permettant de faciliter la commission d'un suicide [1]. La Cour statue de la sorte dans la mesure où il n'existe pas de consensus européen sur la question de la fin de vie. Les États parties à la Convention disposent donc d'une large marge d'appréciation concernant la législation qui y est relative. Elle a, par ailleurs, rappelé cette « large marge d'appréciation » dont les États disposent en la matière en se bornant à vérifier la compatibilité d'une euthanasie particulière pratiquée avec la Convention [2]. Toutefois, cet arrêt pose l'assertion selon laquelle il n'y a pas incompatibilité entre l'article 2 de la Convention et la pratique de l'euthanasie. Autrement dit, la Cour ne prohibe pas l'euthanasie même si elle soumet cette compatibilité à l'existence de « garanties adéquates et suffisantes visant à éviter les abus » [3].

Contrairement à la Cour qui ne reconnaît pas un droit à la mort sans pour autant l'interdire, les différents États parties à la Convention se sont positionnés et ont adopté des législations pour certaines plus per-

n°2346/02, « L'article 2 n'a aucun rapport avec les questions concernant la qualité de la vie ou ce qu'une personne choisit de faire de sa vie. Sans distorsion de langage, il ne saurait être interprété comme conférant un droit à mourir, et il ne saurait davantage créer un droit à l'autodétermination en ce sens qu'il donnerait à tout individu le droit de choisir la mort plutôt que la vie. Il n'est donc pas possible d'en déduire un droit à mourir »

1 CEDH, 20 janvier 2011, Haas contre Suisse, req. n°31322/07

2 CEDH, 4 octobre 2022, Mortier contre Belgique, req. n°78017/17

3 C. LACROIX, « Euthanasie : quand les proches s'en mêlent », Dalloz actualités, 7 novembre 2022

missives que celle choisie par la France mais aussi, pour d'autres, similaires à cette dernière. La question de la fin de vie et d'un possible droit à la mort dépasse également les frontières continentales et se posent dans les mêmes termes dans d'autres pays du monde.

Rares sont les pays ayant légiféré dans le sens d'une légalisation ou d'une dépénalisation de l'euthanasie active ou du suicide assisté. L'euthanasie passive, quant à elle, est davantage acceptée. Il ne s'agit pas de dresser une liste exhaustive de la situation légale propre à chaque pays mais de poser les dates significatives marquant une évolution dans la législation relative au suicide assisté et à l'euthanasie active. Ainsi, l'Oregon a été le premier État, fédéré certes mais État tout de même, à autoriser le suicide assisté avec une loi du 27 octobre 1997[1] ; depuis, neuf autres États américains l'ont également autorisé. L'euthanasie active a été autorisée pour la première fois dans le monde par les Pays-Bas le 1er avril 2002 avec l'entrée en vigueur de la « Loi de contrôle d'interruption de la vie sur demande et l'aide au suicide ». La Belgique, qui avait légalisé l'euthanasie par sa « Loi relative aux droits du patient » entrée en vigueur le 22 septembre 2002, est à ce jour le premier et seul pays à avoir étendu la possibilité d'euthanasie active aux mineurs par une loi du 13 février 2014 en y posant toutefois des conditions d'accès plus strictes.

De nombreux pays européens ouvrent la discussion et les débats concernant une légalisation de l'euthanasie ou du suicide assisté. Si certains y sont parvenus ces dernières années comme l'Espagne qui a vu sa loi autorisant l'euthanasie entrer en vigueur le 25 juin 2021,

---

1 State of Oregon, Death with Dignity Act, October 27, 1997

d'autres comme le Portugal, bien qu'ayant adopté une telle loi, se trouvent immobilisés par la volonté du dirigeant. En effet, alors que la loi dépénalisant l'euthanasie avait été adoptée par une large majorité parlementaire, le président portugais Rebelo de Sousa lui a opposé son veto le 29 novembre 2021. D'autres, encore, comme la France n'ont pas encore légiféré même si des consultations sont en cours.

Les arguments soulevés par les défenseurs ou les opposants à un droit à la mort sous la forme d'un droit à l'euthanasie ou au suicide assisté se révèlent de toute nature.

Ainsi, sans prétendre à une quelconque exhaustivité, les opposants à la reconnaissance d'un droit à la mort avancent un argumentaire basé essentiellement sur la protection des personnes en fin de vie qui pourraient, dès lors, prétendre à un droit à la mort. En effet, 175 associations de bénévoles en soins palliatifs ont joint leurs voix pour lancer un appel ayant pour but de promouvoir l'accompagnement de la vie jusqu'au bout [1]. Elles se posent de la sorte en ferventes opposantes à une éventuelle légalisation d'un droit à la mort par le truchement de la légalisation de l'euthanasie. A l'appui de leur position, elles avancent le raisonnement selon lequel reconnaître un droit à la mort contreviendrait au principe de dignité humaine, principe important s'il en est sur la scène juridique française [2]. Elles s'attachent également

1 Appel de 175 associations de bénévoles en soins palliatifs : « 12 raisons de dire non à l'euthanasie et oui aux soins palliatifs », La vie pas la mort, 2018

2 DC, 27 juillet 1994, Bioéthique, n°94-343/344 DC, déduction du principe à valeur constitutionnelle de sauvegarde de la dignité

à démontrer que la loi ne serait pas à même de légaliser l'euthanasie sans que cela entraîne une banalisation de celle-ci et par conséquent, des dérives. Enfin, elles mettent en parallèle les soins palliatifs et le droit à la mort en soulevant leur incompatibilité car, selon elles, alors que les « soins palliatifs sont des traitements, l'euthanasie est un geste mortel » [1].

De même, l'objectif n'est pas de lister dans le détail les arguments avancés par les défenseurs d'une consécration d'un droit à la mort mais d'établir une perspective globale des fondements, notamment juridiques, sur lesquels ils s'appuient. A l'appui de leur raisonnement, ils évoquent un autre grand principe du droit français à savoir l'égalité [2]. En effet, il a été relevé à de multiples reprises que tous les Français ne sont pas égaux devant la mort et l'accès à celle-ci. En témoigne le documentaire Les mots de la fin présentant un médecin belge accompagnant des personnes désireuses d'avoir recours à l'eutha-

---

de la personne humaine contre toute forme d'asservissement et de dégradation de la première phrase du Préambule de la Constitution de 1946 ainsi rédigée : « Au lendemain de la victoire remportée par les peuples libres sur les régimes qui ont tenté d'asservir et de dégrader la personne humaine, le peuple français proclame à nouveau que tout être humain, sans distinction de race, de religion ni de croyance, possède des droits inaliénables et sacrés » ; Conseil d'État, Ass., 27 octobre 1995, Commune de Morsang-sur-Orge, n°136727, reconnaissance du « respect de la dignité de la personne humaine est une des composantes de l'ordre public »

1 Appel de 175 associations de bénévoles en soins palliatifs : « 12 raisons de dire non à l'euthanasie et oui aux soins palliatifs », La vie pas la mort, 2018

2 CE, 9 mai 1913, Roubeau et autres, première référence contentieuse au principe d'égalité ; DC, 27 décembre 1973, Loi de finances pour 1974, n°73-51 DC, premier usage du principe d'égalité

nasie[1]. Il y constate que de nombreux patients français viennent le voir faute de trouver des réponses adaptées à leurs souffrances dans leur pays. De même, les associations suisses proposant une assistance au suicide assisté dressent ce même constat. Ces procédures coûteuses seraient alors révélatrices de l'inégalité entre les Français qui souhaitent bénéficier d'un droit à la mort. Les partisans d'un tel droit évoquent également le principe de liberté et plus particulièrement au regard de l'autonomie dont disposerait l'individu sur son corps et sur sa vie mais aussi le principe de dignité humaine dans un sens toutefois différent de celui utilisé par les opposants à une possible légalisation d'un droit à la mort.

Il apparaît dès lors que la question du droit à la mort soulève les passions et qu'un même principe juridique peut être autant employé au soutien d'une thèse que de l'autre. S'interroger quant à sa délimitation et son hypothétique consécration se présente alors comme un moyen de meilleure compréhension du sujet.

« Y a-t-il plus cruel supplice que la mort ? Oui, la vie quand on veut mourir »[2]. C'est en ces termes que Sénèque prend position sur la question de la mort et plus particulièrement du choix de celle-ci. Selon lui, tout homme devrait être en mesure d'opter pour la fin de vie qu'il estime la plus convenable sans interférences d'un quelconque individu extérieur.

La mort est régie par le droit français. Ainsi, est prohibé tout acte visant à ôter la vie à autrui, ce qui paraît

1 A. LEJEUNE et G. HARDY, Les mots de la fin, 2021

2 SÉNÈQUE, Questions naturelles Livre 5, Belles Lettres Collection Des Universités De France, 1929

fort logique. De même, le choix des funérailles, et donc du devenir du corps après la mort, est limité à une possibilité binaire. Quant au choix effectif du moment de la mort, si le suicide n'est plus pénalisé depuis le code pénal de 1791, l'intervention d'une quelconque aide extérieure de façon active ou passive est elle, prohibée. En ce sens, l'euthanasie ainsi que le suicide assisté sont aujourd'hui interdits en France et bien qu'ils ne soient pas expressément condamnés par les textes pénaux, ils fondent régulièrement des condamnations pénales au titre d'atteinte volontaire à la vie d'autrui, de non-assistance à personne en danger ou encore d'homicide, qu'il soit volontaire, involontaire ou prémédité.

Les notions d'euthanasie ou de suicide assisté doivent être dépassées en ce sens qu'elles ne représentent qu'une modélisation d'un concept bien plus étendu et qui ne saurait se réduire à des modèles. Pour cette raison, la notion centrale abordée sera le droit à la mort. En ces temps où la mort n'a jamais été aussi présente, que ce soit par le prisme des crises sanitaires passées ou actuelles, et où la vie deviendrait presque une injonction avec l'allongement de son espérance et les progrès scientifiques toujours plus importants permettant de sauver des vies dont le pronostic est engagé, il paraît légitime de s'interroger quant à la survenance de cette mort. En effet, malgré toutes ces améliorations, la mort ne peut être éternellement repoussée et survient nécessairement. Dès lors, certains individus, au nom de leur droit à la vie, estiment qu'ils devraient pouvoir en choisir le terme. Cependant, le droit s'est emparé de la sphère privée et cette ingérence est fortement critiquée par certains car leur apparaissant attentatoire au principe de liberté.

Au regard de ces considérations, la consécration d'un droit à la mort est-elle possible ?

S'il apparaît nécessaire d'étudier les notions juridiques qui pourraient permettre de consacrer un droit effectif à la mort (Chapitre 2), il convient préalablement de définir ce qu'est le droit à la mort, ou du moins de tenter de construire une définition (Chapitre 1).

CHAPITRE 1 : LE DROIT À LA MORT, UNE NOTION AUX CONTOURS FLOUS ET INCERTAINS

« La mort n'est pas un mal, l'approche de la mort en est un ».
Quintus Ennius, Médée [1]

Force est de constater que la notion de droit à la mort n'a jamais été précisément définie. Si la mort était limitée à son constat, par le biais de signes externes, jusqu'au milieu du XIXe siècle, la circulaire Jeanneney du 24 avril 1968 a posé les bases de la définition contemporaine de la mort. La mort cérébrale définit désormais la mort de l'homme. Le droit à la mort n'a, pour autant, jamais été défini avec précision. Cette absence de caractérisation peut sembler assez logique en France dans ce sens que le droit à la mort n'y est pas consacré. Il pourrait paraître alors assez illogique de définir un concept, une notion alors même qu'aucune consécration n'est effective.

L'appréhension du droit à la mort, de manière générale, se fait par le biais d'exemples ou de concepts (Section I) alors même qu'il apparaît nécessaire, pour le cerner davantage, de dresser une liste de critères permettant de l'appréhender par lui-même (Section II).

1 Q. ENNIUS, Médée

Section I - Le droit à la mort, une conception réductrice car réduite à ses composantes

Cette constatation de la conceptualisation réductrice du droit à la mort s'établit au regard de la définition négative qui en est donnée (I) mais aussi de l'approche positive illustrant ce qu'est le droit à la mort (II).

I- La définition conceptuelle négative du droit à la mort

Le droit à la mort n'est pas le suicide (A) ni les soins palliatifs (B).

A- L'incompatibilité évidente entre suicide et droit à la mort

Le suicide se révèle incompatible avec le droit à la mort que ce soit du point de vue du critère d'altérité (1) ou du point de vue de l'absence de saisissement par le droit (B).

La condition d'altérité nécessaire à la reconnaissance d'un droit à

Le *droit à* s'inscrit comme une alternative entre droit et liberté. Ni tout à fait un droit au sens de « prérogatives individuelles reconnues et sanctionnées par le Droit objectif qui permettent à son titulaire de faire, d'exiger ou d'interdire quelque chose dans son propre intérêt » [1] ni tout à fait une liberté au sens d'un « droit fondamen-

1 G. CORNU (dir), Vocabulaire juridique de l'association Henri Capitant, PUF 2022

tal de faire tout ce que la société n'a pas le droit d'empêcher » [1], le droit à correspondrait au « pouvoir d'exiger un bienfait dont ne sont précisés ni le contenu, ni le débiteur, ni le mode de réalisation » [2]. C'est avec l'avènement croissant des droits subjectifs individuels que cette notion a trouvé toute sa place sur la scène juridique et que nombre d'ouvrages y ont été consacrés. Sans prétendre à l'exhaustivité, car le but de cette étude est de s'intéresser particulièrement au droit à la mort et non pas généralement au droit à, ce dernier peut s'analyser en deux sens différents. D'une part, le droit à peut renvoyer à un droit subjectif que tout individu peut faire valoir à l'encontre des tiers, la nature de la personne concernée étant indifférente. D'autre part, le droit à peut correspondre à un droit-créance ayant dès lors une opposabilité réduite car limitée aux seuls pouvoirs publics [3]. Ces pouvoirs publics, dans l'optique d'une consécration du droit à la mort, se trouveraient doublement contraints ; l'altérité se manifesterait alors de deux façons. L'État serait obligé d'établir une réglementation en corrélation avec cette consécration effective du droit à la mort mais il serait également obligé, dans le cadre de cette réglementation, de prévoir la façon dont ce droit se concrétiserait soit en exigeant d'autrui une ordonnance lui permettant de se procurer des substances létales soit en exigeant d'autrui qu'il lui injecte la substance létale. Ces obligations à l'encontre des professionnels de santé ne saur-

---

1 G. CORNU (dir), Vocabulaire juridique de l'association Henri Capitant, PUF 2022

2 Ibid

3 S-M. FERRIÉ, Le droit à l'autodétermination de la personne humaine : essai en faveur du renouvellement des pouvoirs de la personne sur son corps, Thèse publiée dans la collection Bibliothèque IRJS André Tunc, 2018

aient toutefois exister sans la prévision d'une clause de conscience. Le critère d'altérité se révèle alors double.

L'intervention d'un tiers est requise pour qu'un tel droit puisse être effectif. En effet, la consécration d'un droit sur soi-même, sans condition d'altérité, n'aurait guère de sens. Jean Dabin avait particulièrement insisté sur cette condition d'altérité comme nécessaire à la reconnaissance d'un droit et particulièrement d'un droit à la mort. Selon lui, « si cet homme isolé, l'imaginaire Robinson, pouvait bien avoir en vertu de sa nature physique, des puissances et des facultés, que s'il pouvait bien être tenu, en vertu de sa nature d'être moral, de devoirs envers Dieu et envers soi-même, il ne pouvait être question, à son propos, de droits subjectifs soit en sa faveur soit contre lui, pour la raison évidente que le droit étant situé entre deux personnes suppose autrui par définition » [1]. Cette assertion s'inscrit dans la logique de la définition du droit à car Jean Dabin appuie la possibilité d'exiger une prestation d'autrui, de l'État, où l'autre apparaît nécessaire. Marc Pichard abonde en ce sens en rappelant que le droit à doit porter sur un objet possible ce qui nécessite une distinction entre sujet et objet de droit ; distinction qui serait impossible si l'individu avait des droits sur lui-même et si cette condition d'altérité n'était pas exigée [2]. Le propre du suicide est d'être un acte positif individuel en ce sens que la personne décide seule de se donner la mort et se la donne seule. Le critère d'altérité nécessaire à la reconnaissance d'un droit à la mort n'étant alors pas présent, le suicide

1 J. DABIN, Droit subjectif et subjectivisme juridique, in Le droit subjectif en question, p.17, Dalloz, 2014

2 M. PICHARD, Le droit à. Étude de législation française, Economica, 2006

ne peut pas être considéré comme incarnant une manifestation du droit à la mort.

Le saisissement par le droit nécessaire à la reconnaissance d'un droit à la mort

Alors que le philosophe distingue aisément le droit du fait en ce sens que le droit « dit ce qui doit être » [1] et que le fait « c'est ce qui est » [2], le juriste éprouve davantage de difficultés à établir une distinction aussi tranchée. Il ne saurait y avoir la norme d'un côté, la réalité de l'autre et aucun lien entre les deux, aucune influence réciproque. C'est ce que rappelle Rivero en énonçant qu'au « point de départ de toute activité d'édiction d'une norme juridique, il y a une situation de fait » [3] et que la règle juridique formulée est le résultat d'une « réflexion sur le fait tel qu'il est, et de cet effort pour projeter dans l'avenir le fait tel qu'on voudrait qu'il fût » [4]. Le fait et le droit apparaissent ainsi profondément liés. Du point de vue du droit à la mort, le saisissement par le droit se traduit dans le sens d'une interdiction ou d'une autorisation de pratiques données. Le droit autorise la sédation profonde et continue jusqu'au décès mais interdit le suicide assisté ou l'euthanasie par le biais de la répression du meurtre, de l'assassinat ou encore de l'empoisonnement. Constatation doit alors être faite qu'il n'y a aucune répression du suicide et que lorsque le suicide ne concerne que l'individu en question, le droit ne s'en saisit d'au-

1 J. RIVERO, La distinction du droit et du fait dans la jurisprudence du Conseil d'État français, Dialectica, Vol. 15, No. 3/4, Discussion sur l'idée d'une philosophie d'inspiration scientifique (1961), pp. 462-480

2 Ibid

3 Ibid

4 Ibid

cune manière que ce soit. La personne qui souhaite se suicider est donc libre de le faire dans la limite tenant au fait de ne pas nuire à autrui.

Le suicide a été saisi par le droit et l'est encore mais de manière sensiblement différente. S'il était pénalisé jusqu'en 1791, c'est désormais la provocation au suicide d'autrui qui est réprimée par le Code pénal en son article 223-13. Son absence de pénalisation à la fin du XVIIIe siècle intervient concomitamment avec l'essor des libertés individuelles proclamant la liberté de l'Homme et ne posant en limites que ce qui nuit à autrui et les bornes assurant aux autres membres de la société la jouissance de leurs droits. L'interdiction du suicide par la loi apparaîtrait aujourd'hui contraire au principe de liberté ou à celui d'autonomie individuelle. Cette constatation permet d'affirmer la singularité du droit à la mort par rapport au suicide. Si ce dernier suppose une obligation négative de l'État, c'est-à-dire une abstention, le droit à la mort suppose au contraire une obligation positive de l'État. Cette abstention d'intervention connaît tout de même une limite en ce sens que le Conseil d'État a été amené à juger que la responsabilité de l'État du fait des services pénitentiaires en cas de dommages résultant du suicide d'un détenu peut être recherchée mais seulement en cas de faute simple[1]. Dès lors, l'État voit peser sur lui une obligation positive de s'assurer que le détenu ne se suicide pas à partir du moment où, compte tenu des in-

1 CE, 5 décembre 2011, req. n°331358 : aucun défaut de surveillance ne pouvait être reproché à l'administration pénitentiaire alors que le comportement du prévenu depuis son placement en détention provisoire ne permettait pas de déceler ses intentions suicidaires ; CAA Douai, 20 juin 2017, req. n°15DA01737 ; CAA Marseille, 25 avril 2016, req. n°15MA00339 ; CAA Bordeaux, 12 mars 2013, req. n°11BX03235

formations dont l'administration pénitentiaire dispose, notamment à propos des antécédents de l'intéressé, elle était en mesure de penser qu'il fallait mettre en place certaines mesures permettant de prévenir ce suicide[1]. Le suicide a cela de spécifique qu'il intervient généralement sans qu'aucun autre individu que celui concerné ne soit au courant. Autrement dit, exception faite de certains cas particuliers comme la mise au courant d'un tiers par l'individu concerné de son intention suicidaire, la société dans son ensemble ne prend connaissance de la mort de l'individu qu'a posteriori, c'est-à-dire après que l'acte suicidaire soit intervenu. Le droit ne se saisira alors de la situation qu'en cas de doute sur les causes de la mort dans le cadre d'une enquête pénale visant à établir les circonstances de la mort. Le critère de saisissement par le droit nécessaire à la reconnaissance d'un droit à la mort n'étant alors pas présent, le suicide ne peut pas être considéré comme incarnant une manifestation du droit à la mort.

S'il apparaît assez évident que le suicide ne saurait se référer au droit à la mort en raison notamment de l'absence du nécessaire critère d'altérité mais aussi de l'absence de saisissement par le droit, l'approche des soins palliatifs relativement au droit à la mort est moins évidente.

B- La discordance discutable entre soins palliatifs et droit à la mort

Les soins palliatifs ne sauraient être associés au droit à la mort que ce soit du point de vue finaliste (1) ou temporel (2).

---

1 CE, 28 décembre 2017, req. n°400560

La constatation d'un objectif premier indifférent à la mort

Les soins palliatifs correspondent aux « soins actifs et continus pratiqués par une équipe interdisciplinaire en institution ou à domicile. Ils visent à soulager la douleur, à apaiser la souffrance psychique, à sauvegarder la dignité de la personne malade et à soutenir son entourage » [1]. Autrement dit, les soins palliatifs sont essentiellement et avant tout des soins destinés à soulager les douleurs, aussi bien physiques que psychiques, des malades. Si les professionnels délivrant ces soins cherchent à éviter les investigations et traitements déraisonnables, aussi appelés « acharnement thérapeutique », ils ne doivent pas provoquer intentionnellement la mort. L'Organisation mondiale de la santé (OMS) le rappelle à cet égard en 2002 lorsqu'elle énonce que les soins palliatifs « n'entendent ni accélérer ni repousser la mort » [2]. La mort n'est dès lors pas la finalité de ces soins palliatifs. Le but, l'objectif premier des soins palliatifs apparaît de manière limpide ; l'arrêt des souffrances est la raison d'être de ces soins. Leur développement s'inscrit dans cette logique en ce qu'il s'affirme concomitamment à l'affirmation de la nécessité de réduire la souffrance des malades incurables. Cette évolution est visible en France par le prisme des lois successives adoptées allant vers une prise en compte toujours plus grande des malades et de leurs souffrances avec un panel de so-

1 LOI n° 99-477 du 9 juin 1999 visant à garantir le droit à l'accès aux soins palliatifs, article 1er

2 Société française d'accompagnement et de soins palliatifs, Définition des soins palliatifs par l'OMS, 2005

lutions de plus en plus étoffées. Si la loi du 9 juin1999 [1] a garanti le droit d'accès pour tous au soulagement de la douleur et à des soins palliatifs en fin de vie, il faut attendre la loi du 22 avril 2005 [2], dite loi Leonetti et première loi spécifique à la fin de vie, pour que l'interdiction de l'obstination déraisonnable soit introduite et consacrée.

L'évolution la plus remarquable intervient avec la loi du 2 février 2016 [3] créant de nouveaux droits en faveur des malades et des personnes en fin de vie. Cette loi réalise de nombreuses avancées parmi lesquelles figurent la revalorisation des directives anticipées ou le renforcement du rôle de la personne de confiance mais aussi et surtout l'ouverture de la possibilité pour le patient de demander l'accès à une sédation profonde et continue jusqu'au décès. Cette nouvelle possibilité est toutefois strictement encadrée en ce que, pour en bénéficier, le patient doit souffrir de façon insupportable et son décès doit être reconnu comme inévitable et imminent. Cette sédation profonde et continue peut poser question du point de vue du droit à la mort. Ne pourrait-elle pas, en effet, être considérée comme permettant un accès à celui-ci et par conséquent, ne ferait-elle pas entrer dans le champ du droit à la mort les soins palliatifs au titre de cette sédation profonde et continue jusqu'au décès ? La réponse ne peut être que négative. Si cette sédation profonde et continue débouche sur la mort du patient,

---

1 LOI n° 99-477 du 9 juin 1999 visant à garantir le droit à l'accès aux soins palliatifs

2 LOI n° 2005-370 du 22 avril 2005 relative aux droits des malades et à la fin de vie

3 LOI n° 2016-87 du 2 février 2016 créant de nouveaux droits en faveur des malades et des personnes en fin de vie

cette mort n'est que le résultat du processus et non pas le but. Cette constatation empêche donc la reconnaissance des soins palliatifs comme droit à la mort. Même si une certaine ambiguïté est introduite par la formule « jusqu'au décès », il ne faut pas se méprendre. Si le résultat final ne peut être que la mort du patient ayant bénéficié d'une « sédation profonde et continue », celle-ci n'est pas mise en place dans le but de faire survenir la mort ou de l'accélérer mais dans le but de soulager les souffrances du malade en l'endormant profondément. C'est dans cet aspect finaliste que réside la justification du rejet des soins palliatifs du champ du droit à la mort.

L'influence manifeste de la temporalité de la mort

Le moment de la mort n'est pas la question centrale dans les soins palliatifs car contrairement à l'euthanasie active, elle n'est pas l'intention première. Dès lors, l'arrêt de la nutrition et de l'hydratation artificielles n'est pas perçu comme un moyen d'accélérer le moment de la survenance de la mort mais seulement comme un moyen de respecter le droit à ne pas voir un individu souffrir d'un « acharnement thérapeutique ». Ainsi, seuls les soins nécessaires au confort du patient en situation de sédation profonde et continue sont maintenus. Cette distinction entre soins palliatifs et euthanasie active, notamment du point de vue de l'arrêt de l'hydratation artificielle, a connu un retentissement national et même européen avec l'affaire Vincent Lambert. Ce dernier fut placé dans un coma artificiel suite à un accident survenu le 29 septembre 2008 sans qu'aucune amélioration ne soit constatée pendant plusieurs années. Un protocole d'arrêt des soins est alors engagé conformément à la loi Leonetti de 2005 et le 10 avril 2013, l'alimentation du patient est arrêtée et son hydratation réduite. De longues années de procédures s'ouvrent alors car le patient n'ayant pas laissé de directives anticipées, ses proches ne parviennent pas à s'accorder sur la décision à prendre. Ce n'est que le 11 juillet 2019, neuf jours après l'arrêt de ses traitements que Vincent Lambert est déclaré mort ; il a ainsi passé onze années dans un état végétatif. Cette affaire est révélatrice de ce que les soins palliatifs ne sauraient être rattachés à un droit à la mort. En effet, le patient n'avait exprimé aucune volonté de mourir et la mort n'est survenue que neuf jours après que les traitements avaient cessé ce qui témoigne de la temporalité aléatoire des soins palliatifs. Personne n'est en mesure de dire quand la mort sera effective.

L'individu qui bénéficie de soins palliatifs ignore tout du moment où sa mort surviendra ce qui fait obstacle à leur assimilation au droit à la mort. L'équipe médicale encadrant les personnes en soins palliatifs est tout autant ignorante du moment où la vie quittera ses patients. Celle-ci peut aussi bien arriver quelques dizaines d'heures après l'arrêt des traitements que plusieurs jours après cet arrêt. Cette ignorance s'incarne surtout en ce qui concerne la volonté du patient. En effet, dans le cadre du droit à la mort, que ce soit en terme d'euthanasie ou de suicide assisté, l'individu choisit le moment de sa mort. Ce choix traduit la volonté de l'individu et permet alors au droit à la mort de prendre tout son sens en ce qu'il y a un passage d'une simple volonté de mourir à un droit à la mort juridiquement invocable. Ce n'est toutefois pas le cas en France. Ainsi, le propre des soins palliatifs réside dans le fait que la personne placée en situation de sédation profonde et continue jusqu'au décès ne se réveillera normalement jamais mais ignore tout du moment où la mort surviendra. En cela, les soins palliatifs se posent clairement en contradiction de l'euthanasie active ou du suicide assisté dont la caractéristique principale sinon primordiale est de choisir le moment de sa mort. Il est possible d'affirmer que les soins palliatifs témoignent d'un long processus, très encadré, avec des étapes aux contours temporels incertains. Si l'euthanasie ou le suicide assisté rencontrent les mêmes problématiques, des différences persistent ; ces différences tiennent à la place accordée à la volonté du patient. A partir du moment où l'individu a décidé de mourir et qu'il remplit tous les critères légalement posés, tout 28 s'enchaîne jusqu'à la date choisit par le patient pour mourir. En cas de soins palliatifs, ces périodes sont bien plus étendues dans le temps et le passage d'une étape à l'autre vers l'arrêt des traitements et la mort est temporellement inconnu. Cette différence temporelle ne s'explique pas par des garde-fous moins stricts en matière de suicide assisté ou d'euthanasie par rapport aux soins palliatifs mais simplement parce que la finalité diffère : la mort dans un cas, l'arrêt des souffrances dans l'autre. Les soins palliatifs ne peuvent pas être considérés comme s'assimilant au droit à la mort en raison de leur temporalité incertaine.

Le droit à la mort suppose l'exercice d'un droit consistant dans la décision du patient de mourir et de voir cette volonté transformée en un acte positif et effectif. Là où les soins palliatifs ne répondent pas à cet impératif, l'euthanasie active et le suicide assisté y pourvoient davantage.

II- La définition conceptuelle positive du droit à la mort

Le droit à la mort prend forme avec le suicide assisté (A) et l'euthanasie active (B).

A- Le suicide assisté, l'exemple originel du droit à la mort

Tant le but (1) que l'altérité (2) constituent les traits saillants du suicide assisté.

L'importance du but dans la détermination d'un droit à la mort

Le suicide assisté se caractérise par la possibilité pour un individu d'exiger d'un professionnel de santé qualifié, généralement un médecin, que celui-ci lui délivre une ordonnance lui permettant de se procurer une substance létale qu'il pourra ensuite s'injecter pour que la mort survienne dans un laps de temps réduit. Il ne s'agit pas de dresser un panorama exhaustif des différentes caractéristiques du suicide assisté dans les pays l'ayant légalisé mais d'en relever les points communs, les traits caractéristiques permettant de l'identifier et de le reconnaître. Le suicide assisté appartient à la catégorie plus large des « aides actives à mourir » comme l'euthanasie active. En ce sens, il relève du droit à la mort. Toutefois, cette simple constatation n'apparaît guère suffisante ni satisfaisante. Si le suicide assisté peut être considéré comme relevant de la catégorie des « aides actives à mourir » et partant du droit à la mort, c'est avant tout parce qu'il a pour but premier la mort de l'individu qui le sollicite, au contraire des soins palliatifs comme il l'a été rappelé. Cet accès au suicide assisté, dans les pays où il est légal, est bien évidemment encadré. L'accès à ce 30 suicide assisté ne saurait être illimité dans le sens où il ne peut être accessible qu'à ceux remplissant des conditions strictes et après examen de leur dossier par des professionnels qualifiés. Ces conditions strictes sont de différents ordres. Il est nécessaire que le patient soit conscient et dispose de toutes ses capacités de discernement pour être en mesure de demander un recours au suicide assisté. De manière générale, ce n'est pas cette condition qui pose difficulté mais celle tenant à la nature de la souffrance. En effet, celle-ci doit être insupportable et résulter d'une maladie incurable. Certains États ont introduit un délai d'engagement du pronostic vital réduit. Ces différentes conditions sont examinées par des professionnels de santé habilités à statuer sur de telles questions.

Si les professionnels de santé estiment que le patient est en droit d'avoir accès au suicide assisté, ils lui prescrivent, par ordonnance, la substance létale qu'il devra lui-même se procurer et s'injecter. C'est là que se situe la limite du suicide assisté et dans le même temps la frontière avec l'euthanasie. Si le patient est accompagné jusqu'à la fin dans le processus d'euthanasie et que ce n'est pas lui qui s'injecte la substance mortelle, en ce qui concerne le suicide assisté, le patient, une fois la substance obtenue, est seul. Il n'est pas seul dans le sens où des personnes peuvent être présentes à ses côtés et rester à ses côtés jusqu'à sa fin [1] mais il est seul dans le sens où il ne peut demander à personne de lui injecter la substance sous peine d'exposer autrui à une sanction

1 Voir à ce propos les associations suisses Dignitas et Pegasos proposant un service de mort assistée

pénale. Le critère d'altérité, au sens de participation active, n'intervient donc qu'au stade de la prescription. Le suicide assisté s'inscrit dans la catégorie des « aides actives à mourir » et donc du droit à la mort en ce qu'il a pour but de répondre à la demande de mort du patient en provoquant sa mort au moyen de produits létaux.

La vérification de l'exigence du critère d'altérité

Si la formulation « suicide assisté » peut distiller un léger doute dans l'esprit de celui qui y est confronté et qui s'interroge quant à son sens, ce doute est bien vite levé. Le suicide assisté n'est pas un suicide au sens de l'acte solitaire visant à mettre fin à ses jours agrémenté de la présence d'un tiers. L'observation hâtive du suicide assisté peut amener à le concevoir de la sorte mais il n'en est rien. La caractéristique principale du suicide assisté, comme de l'euthanasie d'ailleurs, en ce qu'ils appartiennent tous deux à la catégorie des « aides actives à mourir » est qu'il est profondément encadré et régi par le droit. Ce suicide assisté mené à son terme, se manifestant par la mort de l'individu l'ayant sollicité, sonne le glas de l'échéance du parcours médical initié après la manifestation de la volonté de l'individu d'y recourir. Cette manifestation de volonté constitue l'acte introductif par lequel une situation de fait est saisie par le droit. En effet, la volonté de l'individu est désormais connue et vont s'appliquer à lui toutes les procédures prévues par la norme. Cet encadrement soutenu tout au long du parcours médical tranche néanmoins avec la situation immédiatement postérieure à la délivrance de l'ordonnance prescrivant la substance létale. Si l'individu remplit les conditions posées par la loi pour avoir droit à cette ordonnance, il sera en mesure d'en exiger la délivrance. Les médecins ne peuvent s'y opposer sauf à justifier de circonstances particulières ou à démontrer que les conditions requises ne sont pas remplies dans le cas d'espèce voire à invoquer une éventuelle clause de conscience dont l'existence sera abordée ultérieurement. La situation postérieure à la délivrance de l'ordonnance est bien différente de cet encadrement soutenu et très formaté. La délivrance de l'ordonnance n'oblige l'individu à rien en ce sens qu'il peut parfaitement décider de ne pas se fournir la substance létale ou bien même de se la fournir mais de ne pas en faire usage. A partir du moment où le processus de vérification de la validité de demande de suicide assisté est achevé, il n'y a plus aucun suivi du patient. Autrement dit, si des associations peuvent prendre le relais pour aider la personne concernée dans son souhait de se donner la mort, les médecins ayant prescrit la substance ne sont plus tenus à aucune obligation et alors que le patient avait été soumis à un très fort encadrement tout au long du processus, il se retrouve seul face à lui-même après la délivrance de l'ordonnance. Le suicide assisté se distingue en ce point de l'euthanasie en ce qu'il ne permet pas d'exiger d'autrui qu'il soit celui qui mette fin aux jours du patient. L'ordonnance délivrée libère les professionnels de toute obligation vis à vis du patient sans pour autant les délivrer de toute responsabilité si des manquements venaient à être constatés.

Si cette différence entre euthanasie active et suicide assisté est rappelée notamment en Suisse car son Code pénal à l'article 114 relevant que « Celui qui, cédant à un mobile honorable, notamment à la pitié, aura donné la mort à une personne sur la demande sérieuse et insistante de celle-ci sera puni d'une peine privative de liberté de trois ans au plus ou d'une peine pécuniaire »[1] punit l'euthanasie alors même que le suicide assisté est légal. Toutefois, malgré cette interdiction de l'euthanasie, les juridictions font parfois preuve de clémence à l'encontre de professionnels de santé jugés pour avoir euthanasier, illégalement donc, des patients qu'ils estimaient être en proie à de trop grandes souffrances. Ces actes, somme toute assez isolés, répondent le plus souvent à une demande des patients eux-mêmes qui ne sont pas en mesure de mettre fin à leurs jours eux-mêmes ou qui estiment que leur vie devient insupportable et qu'il faut y mettre fin dans les plus brefs délais. Toutefois, ce consentement du patient est indifférent quant à la qualification pénale de l'infraction : l'acte reste constitutif d'une euthanasie mais le consentement pourra être pris en compte pour le prononcé de la peine. Il n'en reste pas moins vrai que l'euthanasie active est toujours illégale en Suisse, de même qu'en France au même titre que le suicide assisté. Si le suicide assisté incarne le droit à la mort, notamment dans les États qui réprimandent encore l'euthanasie, il apparaît comme une voie intermédiaire entre soins palliatifs et euthanasie active ; euthanasie active qui peut sembler dès lors la forme la plus aboutie du droit à la mort.

A la différence du suicide assisté qui donne au patient le moyen médical de mettre lui-même fin à ses jours, l'euthanasie consiste à donner la mort au patient par une aide médicale pleine et entière dans le sens où il n'aura pas à effectuer le geste létal lui-même et qu'il s'en remettra à un professionnel qualifié pour le faire.

1 Code pénal suisse 311.0, article 114, version en vigueur depuis le 1er janvier 1990

B- L'euthanasie active, l'exemple topique du droit à la mort

L'euthanasie active se caractérise par la limitation de la volonté de mourir du patient (1) mais aussi et surtout par le renforcement du critère d'altérité (2).

La limitation de la volonté de mourir du patient face à la volonté étatique

L'euthanasie active se caractérise par la possibilité pour un individu d'exiger d'un professionnel de santé qualifié l'injection d'une substance létale entraînant sa mort de façon quasiment instantanée. Elle se distingue de l'euthanasie passive qui consiste, elle, dans le renoncement aux traitements médicamenteux et à l'interruption de l'alimentation ou de l'hydratation artificielle chez le patient ; elle peut également se traduire par l'administration de sédatifs plongeant l'individu dans le coma et provoquant la mort en quelques jours. Cette description peut laisser penser que l'euthanasie passive correspond aux soins palliatifs mais n'est pas le cas. Les soins palliatifs, quand ils sont autorisés par la loi, résultent d'un processus médical normé ayant pour effet secondaire d'abréger la vie du patient mais non de provoquer sa mort alors même que l'euthanasie passive correspond au principe du « laisser mourir » appliqué par la France depuis la loi Leonetti de 2005. Cette euthanasie passive résulte d'une absence de soins même palliatifs. Là encore, il ne s'agit pas de dresser un panorama exhaustif des différentes caractéristiques de l'euthanasie active dans les pays qui l'ont légalisée car cela ne présenterait pas grand intérêt dans le cadre de l'étude menée. Il paraît davantage intéressant et pertinent de s'attarder sur les traits saillants de cette euthanasie active afin d'en extraire la substance caractéristique. L'euthanasie active s'inscrit dans la catégorie des « aides actives à mourir », à une place de choix s'il en est, car elle représente l'exemple le plus topique du droit à la mort en ce qu'elle se caractérise par l'injection d'une substance létale à l'individu par un tiers. Cette injection létale, qui constitue l'aboutissement d'un parcours pouvant se révéler quelque peu long, notamment du point de vue des individus qui veulent mourir et qui remplissent toutes les conditions posées par la loi, illustre l'instantanéité nécessaire au droit à la mort. Elle est le point d'orgue d'un parcours motivé par la seule volonté du patient de mourir. Ainsi, le patient peut se rétracter à tout moment et renoncer à faire usage de son droit à la mort ; la procédure s'arrêtera alors et le droit ne deviendra pas effectif.

Cette prépondérance de la volonté du patient sur toute autre considération affermi le caractère volontariste du droit à la mort mais cette prépondérance de la volonté du patient, si elle est pleinement effective dans les pays qui ont légalisé l'euthanasie active, reste entravée en France[1]. Si cette volonté individuelle apparaît entravée c'est avant tout parce que la volonté de l'État lui est supérieure en ce sens que la loi tire sa valeur de la volonté de la Nation exprimée par l'intermédiaire de ses représentants. Dès lors, la volonté individuelle ne pourra s'exprimer et être entendue, dans le cas de l'euthanasie active, que si voix lui a été donnée par le législateur. Dans le cas contraire, elle pourra s'exprimer mais

1 A. BAYLE, Volonté individuelle et euthanasie active : les voies de l'Europe in De la volonté individuelle, M. NICOD (dir.) Toulouse : Presses de l'Université Toulouse Capitole, 2009

ne trouvera pas d'interlocuteur en ce qu'elle n'obtiendra pas de traduction concrète. Marcel Waline illustrait cette conception de l'impuissance de la volonté individuelle en l'absence de volonté étatique. Pour lui, il est « fort rare aujourd'hui qu'une personne puisse, par un acte de sa seule volonté, se créer à elle-même un droit subjectif. Aujourd'hui, le principe est que le créancier ne peut pas réaliser son droit lui-même mais est obligé de s'adresser aux autorités publiques » [1]. Dès lors, si le droit à la mort apparaît comme un droit infiniment volontariste, il ne peut être effectif que dans la mesure où l'État lui en donne le pouvoir et l'individu qui veut mourir mais dont l'État n'a pas légalisé l'euthanasie active se trouve dans une situation où sa volonté individuelle se heurtera à la volonté étatique. Les critères requis pour qu'un individu ait accès à l'euthanasie active, dans un pays où elle a été légalisée, correspondent peu ou proue aux critères requis pour avoir accès au suicide assisté. Le but premier de cet acte demeure la mort et à partir du moment où l'injection a été réalisée, celle-ci est instantanée. La seule véritable différence entre le suicide assisté et l'euthanasie active réside dans le critère d'altérité. Contrairement au suicide assisté, l'euthanasie active exige une implication plus importante d'autrui car celui-ci ne se contente pas de prescrire la substance létale, il est l'acteur de la mort car il injecte la substance létale au patient.

---

1 M. WALINE, L'individualisme et le droit, Domat-Montchrestien, 1945

Le renforcement reconnu du critère d'altérité Le critère d'altérité est central dans la reconnaissance d'un droit à la mort

L'euthanasie active, processus le plus abouti du droit à la mort, se caractérise par l'extension de ce critère d'altérité par rapport à sa manifestation dans le suicide assisté. Dans ce dernier processus, autrui n'intervient qu'au moment de la prescription de la substance et l'indi-vidu est ensuite livré à lui-même en ce que, s'il souhaite voir son droit à la mort devenir effectif, il devra s'injecter la substance. Il peut revenir à tout moment sur son droit à la mort, ce qui semble logique car comme il en est le seul bénéficiaire, il peut renoncer à son exercice. Cette assertion s'inscrit dans le thème du renoncement en droit public. Ce renoncement à un droit subjectif, en l'occurrence le droit à la mort, « serait inhérent à la lecture que les Lumières ont faites » des « droits et toute velléité contraire serait une manifestation réactionnaire »[1]. Ainsi, selon Philippe Frumer, la renonciation, relativement aux droits subjectifs, correspondrait à « tout procédé juridique traduisant la volonté expresse ou tacite d'un individu de se dépouiller d'une prérogative, de l'abandonner ou de l'abdiquer, alors qu'il pourrait encore la faire valoir »[2]. Autrement dit, un individu qui aurait obtenu l'accord des professionnels de santé d'avoir recours au suicide assisté pourrait, jusqu'au dernier moment, y renoncer sans quel cela ait des

1 X. BIOY, Les limites du « renoncement » aux droits fondamentaux in Le renoncement en droit public, N. ACQUINOT (dir.) Université Toulouse 1 Capitole : Presses de l'Université Toulouse Capitole, 2021

2 P. FRUMER, La renonciation aux droits et libertés, La Convention européenne des droits de l'homme à l'épreuve de la volonté individuelle, Bruylant, Bruxelles, 2001, p. 13-14

conséquences. Dans le processus d'euthanasie, si l'individu peut également revenir à tout moment sur son droit à la mort comme pour le suicide assisté, il apparaît davantage encadré.

Si le critère d'altérité ne permet pas à un professionnel de s'immiscer dans la décision finale de l'individu de recourir ou non effectivement à son droit à la mort, il permet en revanche à l'individu d'être assisté et accompagné jusqu'à la fin s'il décide de mettre son droit en œuvre. En effet, contrairement au suicide assisté, le patient bénéficiant de l'euthanasie ne se retrouve pas seul à devoir s'injecter la substance létale. Celle-ci lui est injectée par un professionnel qualifié et le plus souvent par le professionnel qui l'aura suivi. Cette immixtion d'autrui dans la survenance de la mort de l'individu s'apparente à la seconde et dernière étape du processus d'euthanasie active, la première consistant en l'accompagnement dans la demande d'euthanasie et les différentes réunions de professionnels qualifiés pour déterminer si l'individu est en droit de la demander et de l'obtenir. Aussi, le critère d'altérité apparaît comme étendu et même double en ce sens que l'autre intervient en deux temps. S'il s'agit d'abord de valider la prétention à l'exercice du droit à la mort, il s'agit ensuite de mettre en pratique ce droit à la mort. Dans les pays où l'euthanasie active a été légalisée et notamment en Belgique, des voix se font entendre pour dénoncer ce critère d'altérité. Autrui ne serait pas assez contrôlé et ce contrôle serait imparfait. Cette critique a connu son point d'orgue à l'occasion de l'affaire Mortier contre Belgique[1]. En effet, si cette affaire a été l'occasion pour la CEDH de rappeler que la pratique

---

1 CEDH, 4 octobre 2022, Mortier contre Belgique, req. n° 78017/17

de l'euthanasie n'est pas, en principe, contraire au droit à la vie, elle doit tout de même respecter trois conditions pour être considérée comme compatible avec la Convention. Le critère questionné en l'espèce est relatif à « l'existence d'un contrôle a posteriori offrant toutes les garanties requises par l'article 2 de la Convention » [1]. Si les deux premières conditions sont jugées conformes au texte de la Convention, il n'en est pas de même pour la troisième et dernière. Ainsi, le contrôle a posteriori est jugé non effectif et par conséquent contraire au droit à la vie de la patiente. Elle a statué de la sorte car le professionnel qui avait pratiqué l'euthanasie sur la patiente siégeait également dans la Commission fédérale de contrôle et d'évaluation de l'euthanasie et notamment lors de la réunion ayant pour but d'examiner la légalité de l'euthanasie en question. Il apparaît dès lors qu'il était à la fois juge et partie ce qui contrevient fortement à la garantie suffisante d'indépendance nécessaire surtout relativement à des questions bioéthiques aussi sensibles que celles relatives au droit à la mort. L'euthanasie active incarne le droit à la mort, elle en représente la voie ultime, la procédure la plus accomplie et souvent l'exemple cité lorsque le droit à la mort est évoqué. Le critère d'altérité approfondi et la limitation de la volonté individuelle par la volonté étatique en constituent les traits saillants.

Si le suicide assisté et l'euthanasie active sont les manifestations tangibles du droit à la mort, ils demeurent des exemples, des concepts. La définition du droit à la mort nécessite alors l'établissement de critères propres qui s'émancipent de ces exemples.

---

1 CEDH, 4 octobre 2022, Mortier contre Belgique, req. n° 78017/17

Section II - Le droit à la mort, une notion nécessitant l'établissement de critères in abstracto

Le dépassement de la notion réductrice du droit à la mort en tant qu'exemples nécessite qu'elle soit appréhendée d'abord d'un point de vue général quant à sa catégorie d'appartenance (I) pour ensuite définir plus précisément les critères qui permettent objectivement de l'identifier (II).

I- La détermination première d'une catégorie juridique d'appartenance

La délimitation de la notion de droit à la mort requiert une approche des catégories juridiques de droits tant libertés (A) que créances (B).

A- Le rejet de l'appartenance du droit à la mort à la catégorie des droits-libertés

Si la catégorie des droits-libertés semble pouvoir accueillir à première vue le droit à la mort en son sein (1), une étude plus approfondie porte à un coup d'arrêt à cette première impression (2).

Une première impression favorable à l'acceptation du droit à la mort au sein de la catégorie des droits-libertés

La notion de droit-liberté est ancienne. Hobbes, au XVIIe siècle, assimile ce droit liberté à l'idée de droit subjectif et le définit comme étant « un pouvoir, une liberté, une capacité inhérente à l'individu »[1]. Cette ap-

1 HOBBES, Léviathan, Première partie, chapitre 14, « Le droit

proche individualiste nourrit la Déclaration des Droits de l'Homme et du Citoyen de 1789 articulée autour de trois concepts-clés : l'individu, la loi et le droit naturel [1]. Cette articulation transparaît au travers de l'article 4 de la Déclaration qui les associe explicitement en énonçant que « La liberté consiste à pouvoir faire tout ce qui ne nuit pas à autrui : ainsi, l'exercice des droits naturels de chaque homme n'a de bornes que celles qui assurent aux autres Membres de la Société la jouissance de ces mêmes droits. Ces bornes ne peuvent être déterminées que par la Loi ». Le droit à la mort, qui est un droit foncièrement individuel en ce qu'il est inhérent à l'individualité de l'individu et non pas intrinsèque à un groupe auquel l'individu appartiendrait, pourrait sembler s'accommoder relativement bien avec cette acceptation du droit-liberté comme d'un droit pouvant être exercé par l'individu seul tant qu'il ne porte pas atteinte aux droits et libertés d'autrui. Cette acceptation du droit à la mort comme d'un droit-liberté semble également renforcée par l'idée que les droits-libertés accordent une place fondamentale à l'individu, à sa volonté et à son choix. Or, il a été vu que cette volonté de l'individu relativement au choix du moment de sa mort est primordiale pour reconnaître un tel droit à la mort. Les droits-libertés offrent, en effet, aux individus une certaine autonomie et la possibilité d'agir sans être soumis à un quelconque pouvoir arbitraire. Ces droits-libertés correspondent à ce que Jellinek a appelé le status negativus ou droits défensifs [2].

---

naturel est la liberté de chacun d'user de son propre pouvoir », Dalloz, Collection Vrin, 2004

1 F. RANGEON, Droits-libertés et droits-créances : les contradictions du préambule de la Constitution de 1946 in G. KOUBI et alii, Le Préambule de la Constitution de 1946, Antinomies juridiques et contradictions politiques, PUF, 1996, p. 173

2 G. JELLINEK, Système des droits publics subjectifs, 2e édi-

L'État ne saurait interférer, bien au contraire. Contrairement au droit-créance, il lui incombe une certaine forme d'abstention pour ne pas faire obstacle à l'exercice du droit-liberté par l'individu. Cette idée est davantage encore renforcée à l'étude de ce que le terme liberté implique au sein du droit-liberté. Cette liberté connaît de multiples définitions mais génériquement, elle peut être déterminée comme correspondant à la « situation garantie par le Droit dans laquelle chacun est maître de soi-même et exerce comme il le veut toutes ses facultés » [1]. Il apparaît assez logique que le droit à la mort suppose que l'individu puisse exercer lui-même son droit à la mort dans tous ces aspects. Autrement dit, il ne saurait être obligé par autrui à mettre en œuvre son droit, il ne saurait être contraint. En cela, il n'existe pas de devoir de mourir. Ce qui doit prédominer dans le droit à la mort, c'est la liberté de l'individu à exercer son droit, à le mobiliser dans toutes ses perspectives mais également son droit à y renoncer sans quoi, il ne saurait y avoir de droit à la mort.

Cette apparente adéquation du droit à la mort à la catégorie des droits-libertés est toutefois promptement remise en cause au regard notamment de la doctrine allemande. Les théoriciens allemands du droit vont donner au droit de créance une base juridique après que le solidarisme ait fondé son fondement politique. Jellinek, à la fin du XIXe , va compléter la définition qu'avait donné Ihering aux droits subjectifs pour qui ils étaient des « intérêts juridiquement protégés » en précisant qu'un tel droit subjectif ne devient effectif « qu'à la condi-

tion, 1905

1 G. CORNU (dir), Vocabulaire juridique de l'association Henri Capitant, PUF 2022

tion d'être activement revendiqué par ses détenteurs »[1]. Cette assertion met à mal la possible appartenance du droit à la mort à la catégorie des droits-libertés. En effet, le droit à la mort ne saurait se contenter d'une consécration textuelle pour être effectif. A contrario, il nécessite l'intervention de l'individu revendiquant son droit. Jellinek ajoute que le droit subjectif, lorsqu'il est « activement revendiqué par ses détenteurs »[2], devient alors « un intérêt protégé par la reconnaissance de la faculté humaine de vouloir »[3]. Dès lors, il est aisé de distinguer les deux catégories de droits subjectifs que sont les droits-libertés et les droits-créances. Alors que les premiers ne requièrent qu'une protection de l'État pour s'exercer et sont qualifiés à ce titre par Jellinek de « droits de statut négatif »[4], les seconds, eux, impliquent tant une revendication active des individus qu'une intervention de l'État agissant de ce fait au titre de débiteur, Jellinek les qualifie donc logiquement de « droits de statut positif »[5] en ce qu'ils ne nécessitent pas seulement une abstention mais une action double, à la fois individuelle et étatique pour que le droit soit effectif.

Une étude approfondie permettant le rejet du droit à la mort de la catégorie des droits-libertés

Les droits-libertés sont des « droits de statut négatif »[6]. Autrement dit, ils ne nécessitent qu'une consécration textuelle étatique pour prendre vie, pour connaître

1 G. JELLINEK, La déclaration des droits de l'homme, 1904
2 Ibid
3 Ibid
4 Ibid
5 Ibid
6 Ibid

une réalité tangible dont les individus pourront se prévaloir. In concreto, que se passerait-il s'il était admis que le droit à la mort était un droit-liberté ? Un texte le consacrerait en tant que tel et l'implication étatique s'arrêterait là. L'individu concerné pourrait demander la prescription de la substance létale ou l'injection de cette substance létale mais les professionnels de santé ne verraient aucune « contrainte » peser sur eux et l'État ne pourrait être tenu pour responsable du refus opposé à l'individu. Or, dans ces conditions, l'euthanasie active ou le suicide assisté ne pourraient exister. Il n'y aurait donc pas de droit à la mort. Il apparaît alors clairement que le droit à la mort ne saurait être un droit-liberté.

Si le droit à la mort ne saurait être un droit-liberté c'est avant tout parce que l'intervention de l'État se révèle nécessaire pour qu'il soit effectif. Sans cette intervention, il ne resterait plus à l'individu qui désire mourir que le suicide comme seule option. En cela, l'abstention étatique n'est pas une intervention puisque l'abstention est la non-intervention. Cette constatation renforce le rejet de l'appartenance du droit à la mort à la catégorie des droits-libertés. Si besoin encore en est de démontrer que les droits-libertés ne peuvent accueillir le droit à la mort en leur sein, il suffit de rappeler qu'ils ne requièrent aucun intermédiaire, c'est-à-dire que le droit est consacré et c'est cette consécration qui le fait devenir effectif. Au contraire, le droit à la mort, cela a été énoncé auparavant, admet, comme l'un de ses traits caractéristique principal le critère d'altérité. Ainsi, il ne saurait exister sans cette notion d'autrui qui intervient différemment selon que l'on se réfère au suicide assisté ou à l'euthanasie active. Les droits-libertés n'admettant pas d'intermédiaire alors que la notion d'altérité est centrale dans le droit à la mort, il apparaît définitif que ce dernier ne peut pas s'inscrire dans cette catégorie. Le droit à la mort ne peut appartenir à la catégorie de droits-libertés mais appartient-il pour autant à la catégorie concurrente de droitscréances ? Cette interrogation suggère que cette dernière catégorie fasse l'objet d'une étude plus approfondie afin d'étudier la possible admission en son sein du droit à la mort.

Comme Burdeau le rappelait, le préambule de la Constitution de 1946 opère un véritable renversement de la notion de droit car aux « «droits d'être » succèdent les « droits d'obtenir » [1]. Les droits d'être, assimilables aux droits-libertés, laissent ainsi place aux droits d'obtenir assimilés aux droits-créances. Ce changement de paradigme accompagne le changement de la conception de l'État. Ce dernier n'apparaît plus tant comme un État autorité que comme un État-République et les droits de première génération cèdent alors leur place aux droits de deuxième génération.

B- L'accueil de la notion du droit à la mort dans la catégorie des droits-créances

La catégorie de droits-créances semble à même d'accueillir la notion de droit à la mort en son sein en ce sens qu'elle se caractérise par l'intervention active de l'État (1). L'évolution de l'État entraînant une évolution des droits-créances appuie encore davantage cet accueil du droit à la mort au sein des droits-créances (2).

1 G. BURDEAU, La démocratie, Seuil, 1966, p. 66

La nécessité d'une intervention active de l'État ou des services publics engendrant des droits pour l'individu

Il est certain que les droits-créances exigent une intervention étatique. De nombreux auteurs l'affirment comme Gurvitch qui reprend la formule de Roger Bonnard en qualifiant les droits-créances de « droits d'exiger de la puissance publique une certaine conduite » [1]. Si cette exigibilité est admise et reconnue, le tout est de l'envisager du point de vue du droit à la mort. Comment cette intervention étatique se traduit-elle du point de vue du droit à la mort ? Quelles peuvent être les obligations pesant sur l'État ? La créance correspond au « droit personnel en vertu duquel une personne nommée créancier peut exiger d'une autre nommée débiteur l'accomplissement d'une prestation » [2]. Le droit à la mort envisagé en tant que droit-créance reviendrait donc à considérer que l'individu concerné est créancier et que l'État est débiteur. Burdeau affirmait ainsi que ce droit-créance permet à l'individu d'émettre une « prétention légitime à obtenir les interventions requises pour que soit possible l'exercice de la liberté » [3] et Pelloux appuyait sa position car selon lui, un tel droitcréance confère « à l'individu le droit d'exiger certaines prestations de la part de la société ou de l'État » [4]. Il en ressort que l'État serait débiteur d'une dette positive à l'égard de l'individu qui satisferait aux conditions lui permettant d'invoquer son droit à la mort. Partant, si cette dette exigible de

1 G. GURVITCH, L'idée du droit social, Scientia Verlag Aalen, 1932, pp. 204-205

2 G. CORNU (dir), Vocabulaire juridique de l'association Henri Capitant, PUF 2022

3 G. BURDEAU, Les libertés publiques, LGDJ, 1961, p. 21

4 R. PELLOUX, Vrais et faux droits de l'homme, problèmes de définition et de classification, RD publ., 1981, p. 54

lui[1], sa non mise en œuvre revient à rendre le droit à la mort « virtuel »[2] comme le soulignait Rivero.

Le passage de la virtualité à la réalité ou l'effectivité requiert l'intervention de l'État. Ce passage se caractérise par la mise en place de conditions qui, si elles sont remplies par l'individu, doivent lui permettre d'exiger de l'État ou de ceux à qui il aura délégué cette tâche l'accomplissement de la prestation. Autrement dit, l'État serait contraint. En ce sens, l'existence d'un droit à la mort doit s'accompagner de la possibilité pour l'individu de mettre en demeure l'État voire de l'assigner l'État en exécution forcée de la prestation s'il a été décidé par les professionnels désignés qu'il remplissait les conditions. Cette constatation semble plutôt logique car si l'État n'était pas contraint alors le droit à la mort de l'individu ne saurait être effectif et serait donc violé. Toutefois, cette éventuelle exécution forcée ne saurait résulter de la simple constatation de la réunion des conditions posées. En effet, pour que l'administration puisse être contrainte de garantir effectivement le droit à la mort, il faut qu'une décision administrative ait été rendue. C'est cette décision qu'il sera alors possible d'invoquer pour exiger sa mise en œuvre dans un délai raisonnable[3]. Le droit à la mort appartient bien à la catégorie de droits-créances. Toutefois, les droits-créances ont évolué corrélativement à l'évolution de l'État.

---

1 J. ROBERT et J. DUFFAR, Droits de l'homme et libertés fondamentales, Montchrestien, 5e éd., 1994, p. 64

2 J. RIVERO, Les libertés publiques, t. 1, Les droits de l'homme, PUF, Thémis, 1995, p. 100

3 L. FONTAINE, L'exécution des décisions administratives, La lettre juridique, 2013

L'évolution de l'État entraînant une évolution du droit-créance

Bien que Capitant récuse les thèses solidaristes et qu'il reproche à Duguit de fonder la légitimité de l'État sur le principe de solidarité, il admet la nécessité de passer de l'Étatpuissance à l'État-République. Cela revient à admettre l'abandon d'une logique d'autorité au profit d'une logique de prestation. Cette évolution de l'État se manifeste de manière accrue au sortir de la Seconde guerre mondiale alors que les prestations fournies par l'État à sa population croissent significativement. C'est à cette époque que les droits civils et politiques de la première génération, consacrés par la Déclaration de 1789, cèdent leur place de premier rang aux droits-créances consacrés par le préambule de la Constitution de 1946. Alors que les droits-libertés reconnus en 1789 s'appuient sur une logique de défense des libertés individuelles face aux empiétements du pouvoir, les droits proclamés en 1946 se fondent, a contrario, sur une logi-que d'intervention étatique. Il ne s'agit alors plus seulement de protéger des libertés mais encore de fournir des prestations effectives aux individus [1]. Ce changement de paradigme est favorable à l'accueil du droit à la mort dans la catégorie des droits-créances.

Ces droits-créances aussi appelés droits de la deuxième génération correspondent aux droits économiques et sociaux fondés sur les concepts d'égalité et de jus-

1 F. RANGEON, Droits-libertés et droits-créances : les contradictions du préambule de la Constitution de 1946 in G. Koubi (dir.), Le Préambule de la Constitution de 1946, Antinomies juridiques et contradictions politiques, CURRAP-PUF, 1996

tice sociale[1]. La mise en place de l'État-providence développé s'est concrétisée avec la création de la sécurité sociale[2]. Si cet État-providence connaît une crise depuis les années 1970 caractérisée par la montée du chômage ou encore les difficultés de financement de la protection sociale, il n'en demeure pas moins que les droits-créances connaissent une expansion continue ; les droits bioéthiques en sont une parfaite illustration. Si le rapport Belmont de 1979 formule les principes fondateurs de la bioéthique à savoir la bienfaisance, l'autonomie et la justice, il faut attendre 1994 et l'adoption des trois premières lois bioéthiques pour que le législateur s'empare de la question[3]. Les lois ultérieures de consécration de nouveaux droits bioéthiques vont dans le sens d'une adaptation de la législation aux avancées scientifiques mais aussi et surtout dans le sens d'une plus grande reconnaissance des droits-créances. La consécration du droit à la mort pourrait s'inscrire dans cette continuité en appuyant l'idée d'un État-social tourné vers la prise en compte des volontés individuelles. L'accueil du droit à la mort par la notion de droits-créances apparaîtrait alors comme le témoin de l'appréhension de la société par le droit.

---

1 C. SÄGESSER, Les droits de l'homme, Dossiers du CRISP, vol. 73, no. 2, 2009, pp. 9-96.

2 Ordonnance n° 45-2250 du 4 octobre 1945 portant organisation de la sécurité sociale et Ordonnance n° 45-2456 du 19 octobre 1945 portant statut de la mutualité

3 LOI n° 94-548 du 1er juillet 1994 relative au traitement de données nominatives ayant pour fin la recherche dans le domaine de la santé et modifiant la loi n° 78-17 du 6 janvier 1978 relative à l'informatique, aux fichiers et aux libertés ; LOI n° 94-653 du 29 juillet 1994 relative au respect du corps humain ; LOI n° 94-654 du 29 juillet 1994 relative au don et à l'utilisation des éléments et produits du corps humain, à l'assistance médicale à la procréation et au diagnostic prénatal

Si la détermination d'une catégorie juridique d'appartenance du droit à la mort permet de mieux le cerner, il ne faut pas s'en contenter. Les éléments caractéristiques de ce droit à la mort qui ont été auparavant soulevés méritent d'être approfondis.

II- La détermination seconde d'éléments d'appréhension

Le droit à la mort s'appréhende tant au regard de la question de la temporalité (A) qu'en fonction de l'exigibilité d'un acte positif étatique (B).

A- Le pouvoir essentiel de la volonté humaine sur la temporalité de la survenance de la mort

La temporalité du droit à la mort doit s'analyser aussi bien en ce qui concerne le processus précédant l'acte (1) qu'en ce qui concerne l'acte en lui-même (2).

Le refus de l'immédiateté dans le processus précédant l'acte mortel

Un individu qui souhaiterait mettre en œuvre son droit à la mort ne peut pas exiger qu'il intervienne immédiatement après avoir été invoqué. Assimiler le droit à la mort à la possibilité de se voir fournir instantanément le moyen de mourir est un raccourci malheureux. Le droit à la mort se caractérise justement par l'établissement de critères permettant de déterminer si un individu y a le droit ou non. Il ne saurait dès lors y avoir d'immédiateté sans qu'elle soit associée aux critiques formulées à l'encontre de l'euthanasie active à savoir un meurtre organisé par l'État. Lorsqu'il s'agit de la vie et tout particulièrement de la vie humaine, le respect des normes qui la régissent est primordial. Si l'État venait à donner la mort séance tenante à un individu qui la réclame, il tomberait sous le coup de l'incrimination de l'article 221-5 du Code pénal prévoyant que le « fait d'attenter à la vie d'autrui par l'emploi ou l'administration de substances de natures à entraîner la mort constitue un empoisonnement ». Le consentement de la personne concernée à cette administration de la substance létale resterait indifférent car le droit pénal français fait de la formule « *volenti non fit injuria* » ou « nul ne fait tort à qui consent » une exception. Dès lors, il n'existe pas de cause d'irresponsabilité pénale pour l'individu qui mettrait fin à la vie d'un autre individu qui l'aurait réclamé. La qualité étatique de l'entité donnant la mort ne changerait rien à la situation. L'expression de l'individu de sa volonté de mourir n'ouvre donc aucun droit immédiat à la mort mais constitue simplement le point de départ du processus d'étude de sa demande. Ce processus est marqué par la nécessité d'une réitération de cette volonté de mourir.

Les professionnels médicaux auxquels le patient sera confronté tout au long de ce processus, bien qu'ils soient contraints par les cadres édictés par la loi, n'en demeurent pas moins souverains dans la prise de décision finale. Autrement dit, ils ont une large marge d'appréciation leur permettant de décider si le patient remplit ou non les critères requis pour avoir accès au droit à la mort. Ce pouvoir d'appréciation souverain des professionnels de santé sur la volonté de mourir du patient peut laisser penser qu'aucun recours ne serait possible. En effet, en droit français, lorsque le juge du fond est amené à statuer sur des éléments de fait selon son pouvoir souverain, cette appréciation souveraine ne pourra jamais, sauf exceptions, être remise en cause par les juges du droit. Le Conseil d'État a eu l'occasion de le rappeler dans un arrêt du 14 février 2018 car « statuant comme juge de cassation, il n'appartient pas au Conseil d'État, en principe, de remettre en cause les constats de faits effectués par les juges du fond dans l'exercice de leur pouvoir souverain » [1]. Le réexamen d'une demande d'accès au droit à la mort ne semblerait alors possible que si les éléments de fait évoluaient.

La rigidité des procédures entourant l'acte contrastant avec la souplesse de la décision finale

Dans les pays qui ont consacré un droit à la mort, des procédures rigides encadrent l'accès au droit à la mort. Tous les individus ne peuvent pas pas avoir accès à ce droit. Si, en Suisse, les règles sont relativement souples car le demande doit consister en « l'acte d'une personne capable de discernement et maîtresse de son acte atteinte d'une malade incurable et d'une souffrance insupportable » avec un durcissement des règles procédurales résidant dans le fait que les médecins doivent désormais mener « au moins deux entretiens avec la personne qui souhaite mettre fin à ses jours », en Oregon, les règles posées par la loi sont davantage strictes. Elle contrait les patients voulant avoir accès à une aide médicale à la mort à faire deux demandes orales, avec un intervalle de 15 jours au minimum, auprès de leur médecin. Ces demandes doivent être confirmées par un écrit contresigné par deux témoins dont l'un ne doit avoir au-

1 Commentaire de l'arrêt CE, 14 février 2018, Installation d'une crèche de Noël, req. n° 416348

cun lien familial avec le patient. Le médecin prescrivant le produit létal doit ensuite prévenir l'entourage familial le plus proche du patient. Le diagnostic et le pronostic doivent être validés par le médecin prescripteur et un second médecin ; si le médecin prescripteur a un doute, il doit consulter un confrère psychiatre. Cette rigidité des procédures contraste avec la souplesse entourant l'acte en lui-même.

Le patient peut renoncer à tout moment à son droit à la mort s'il l'a effectivement obtenu. Toutefois, s'il souhaite aller jusqu'au bout et qu'il donne son accord final à ce que la substance létale lui soit injectée ou qu'il se l'injecte lui-même et que le résultat de cette injection est la mort alors le droit à la mort deviendra effectif.

B- L'exigibilité fondamentale d'un acte positif étatique

Il ne s'agira pas ici de revenir sur le droit-créance et ses implications car cela a été vu auparavant. Il s'agira plutôt de s'intéresser aux critères objectifs posés autorisant un individu à exercer son droit à la mort (1) et aux conséquences de l'existence d'un tel droit pour l'État (2).

L'établissement primordial de critères objectifs

« Quand la médecine ne peut nous guérir, pourquoi ne nous aiderait-elle pas à mourir ? Le danger n'en existe pas moins, qui est celui d'une élimination systématique des malades les plus lourds. Raison de plus pour qu'une loi, comme il convient dans un État de droit, vienne fixer des limites et imposer des contrôles » [1]. Cette assertion du philosophe Comte-Sponville rappelle que le droit à la mort, s'il est effectivement consacré, doit être entouré de garde-fous pour ne pas conduire à des dérives atroces. Ces garde-fous consistent en la mise en place de critères objectifs indépendants de toute situation de fait mais aussi et surtout en la liberté de la personne concernée. Ainsi, il ne saurait y avoir de devoir de mourir pour une personne et ce, même si elle satisferait en tout point aux critères énoncés. Les interrogations concernent davantage les attributs propres à la personne voulant bénéficier du droit à la mort que les procédures entourant cette demande. Il est avant tout essentiel que la personne soit capable de discernement. Automatiquement, ce critère exclue les personnes qui ne seraient pas en pleine possession de tous leurs moyens de réflexion mais aussi les individus qui, en raison de leur âge, ne seraient pas suffisamment matures pour comprendre tout ce que cette revendication du droit à la mort implique. La loi belge a ainsi été la première à admettre la possibilité pour un mineur de demander à bénéficier du droit à la mort et elle demeure actuellement la seule le permettant. Elle ne pose pas de d'âge plancher mais soumet l'accès au droit à la mort à la condition du discernement. Autrement dit, le mineur qui voudrait y avoir accès doit pouvoir exprimer un avis réfléchi grâce à sa maturité et son degré de compréhension. Ces éléments sont laissés à la libre appréciation des professionnels de santé. Un autre critère, fondamental lui aussi, réside dans la constatation de souffrances, physiques ou psychiques, telles qu'elles rendent la vie du patient insupportable. Pour cela, il faut que les médicaments ne suffisent plus à apaiser le patient et qu'aucun traitement ne puisse plus amélio-

1 A. COMTE-SPONVILLE, Dictionnaire philosophique, 2001

rer d'une quelconque façon la situation. Enfin, la question du pronostic vital s'avère davantage complexe. En effet, les soins palliatifs français ne peuvent concerner que les patients « dont le pronostic vital est engagé à court terme » [1]. A l'étranger, si l'euthanasie belge n'est conditionnée à aucun engagement du pronostic vital, la législation oreganaise sur le suicide assisté impose quant à elle que les malades soient en phase terminale et aient moins de six mois à vivre. Cette question du pronostic vital est influencée par la volonté de reconnaître ou non un droit à la mort aux personnes souffrant de douleurs psychiques insupportables. Par essence, ces dernières n'engagent pas la vie de l'individu en tant que tel. Conditionner le droit à la mort à un engagement du pronostic vital, à court ou moyen terme, revient donc à exclure ces personnes du potentiel bénéfice du droit à la mort. Ainsi, faudrait-il adopter le point de vue shakespearien qui considère qu'aux « maux désespérés, il faut des remèdes désespérés, ou il n'en faut pas du tout » [2] ou admettre que ce droit à la mort puisse être circonscrit dès son adoption ? La question reste entière.

Ces critères objectifs, lorsqu'ils sont établis, ne peuvent toutefois pas obliger le médecin, sollicité par l'individu voulant mettre en œuvre son droit à la mort, à accéder à cette demande. Le Code de la santé publique prévoit, en sa partie réglementaire aux articles R.4127-328 pour les sages-femmes et R.4127-47 pour les médecins, la possibilité, pour ces professionnels de santé, de refuser d'exécuter un acte médical qui serait contraire à leur conscience étant précisé que cela n'est possible

1 LOI n° 2016-87 du 2 février 2016 créant de nouveaux droits en faveur des malades et des personnes en fin de vie

2 SHAKESPEARE, Hamlet, 1603

que « hors le cas d'urgence et celui où [ils] manquerait à [leurs] devoirs d'humanité » [1]. Cette clause de conscience générale s'accompagne de clauses de conscience spécifiques régissant trois types d'actes particuliers que sont l'interruption volontaire de grossesse [2], l'acte de stérilisation contraceptive [3] et les actes de recherche sur embryon [4]. Dans les pays où un droit à la mort existe, une clause de conscience est prévue permettant ainsi aux professionnels de santé de refuser de délivrer une ordonnance prescrivant une substance létale ou d'administrer eux-mêmes la substance létale. La prévision d'une telle clause de conscience apparaît salutaire si le droit à la mort venait à être consacré en France car il se range aux côtés des droits pour lesquels l'étique constitue un enjeu primordial. Le droit à la mort est un sujet tellement sensible, ce qui se constate en France ces dernières années alors même qu'il n'a pas encore été consacré, qu'il ne faut jamais obligé un professionnel de santé à permettre sa mise en œuvre s'il apparaît comme contraire à ses convictions personnelles.

1 Code de la santé publique, Article R.4127-47

2 Code de la santé publique, « Un médecin n'est jamais tenu de pratiquer cet acte à visée contraceptive mais il doit informer l'intéressé de son refus dès la première consultation », Article L.2212-8

3 Code de la santé publique, « Un médecin n'est jamais tenu de donner suite à une demande d'interruption de grossesse ni de pratiquer celle-ci », Article L. 2123-1

4 Code de la santé publique, « Aucun médecin ou auxiliaire médical n'est tenu de participer à quelque titre que ce soit aux recherches sur des embryons ou sur des cellules souches embryonnaires autorisées en application de l'article L.2151-5 », Article L.2151-7-1

La constatation d'une compétence liée en cas de respect des critères exigés

Si le droit à la mort venait à être consacré en France et qu'une personne répondait à tous les critères posés par la législation, logiquement les professionnels de santé chargés d'examiner le cas concluraient dans le sens d'une autorisation d'accès au droit à la mort. Cette autorisation prendrait alors la forme d'un acte administratif unilatéral créateur de droits car il ouvrirait à la personne concernée un accès au droit à la mort. La question de savoir si cette décision s'avérerait contraignante pour l'État et plus concrètement pour les agents du service public hospitalier reste incertaine car aucune question d'un tel ordre n'a jamais été étudiée. Les actes médicaux bénéficiant d'une clause de conscience spécifique ont toujours trouvé des professionnels de santé à même de les réaliser. Le droit à la mort est cependant différent en ce qu'il interroge les fondements mêmes de la vie et il est fort probable qu'il y aurait davantage de réticences pour les professionnels de santé à le mettre en œuvre. Si la compétence liée s'appréhende dans le sens du « pouvoir qu'exerce une autorité quand elle n'a pas le choix entre plusieurs solutions » [1], le pouvoir discrétionnaire, lui, s'affirme comme la « compétence dont l'exercice n'est pas déterminé dans tous ses éléments » [2] et ce de façon à « laisser à son titulaire un certain pouvoir d'appréciation » [3]. Lorsqu'il y a compétence liée, il y a alors obligation pour les personnes déterminées de mettre en œuvre l'acte qui leur aura été délégué au

1 G. CORNU (dir), Vocabulaire juridique de l'association Henri Capitant, PUF 2022

2 Ibid

3 Ibid

risque, lorsque plusieurs autorités sont prévues, qu'aucune ne le mette en œuvre. La question est alors de savoir si une telle compétence liée pourrait être prévue si un droit à la mort venait à être consacré et les conséquences que cela engendrerait pour les pouvoirs publics.

Affirmer, en cas de consécration du droit à la mort, que l'État, ou ses organes, ferait face à une compétence liée revient à dire qu'il, ou eux, serait obligé de le mettre en œuvre. Dès lors, en cas d'inexécution, c'est-à-dire si l'individu concerné se trouvait dans l'incapacité de trouver un professionnel de santé voulant bien procéder à l'injection létale ou voulant bien lui prescrire une ordonnance délivrant la substance létale, l'État pourrait être tenu pour responsable. Toutefois, cette situation semble purement théorique car il n'y aurait aucun intérêt et aucun sens à ce que l'État consacre un droit à la mort pour ensuite ne pas s'assurer qu'il soit effectif. La question de l'éventuel retrait ou de la possible abrogation d'un acte qui conditionnerait l'accès d'une personne au droit à la mort est elle plus intéressante dans le sens où des cas concrets pourraient se présenter. En effet, si un individu obtient l'accès au droit à la mort mais ne le met pas en œuvre immédiatement, pourra t-il toujours en faire usage ? Autrement dit, l'accès au droit à la mort est-il imprescriptible ? Pour y répondre, il apparaît nécessaire de s'intéresser à la nature juridique de la décision donnant accès au droit à la mort. Cette décision est un acte administratif unilatéral créateur de droits. En effet, les « décisions dont le bénéfice est conditionné par la réunion de certaines conditions » [1] sont « créa-

1 Courrier juridique des Affaires sociales et des Sports, Dossier La disparition des actes administratifs, n°86 mars/avril 2011

trices de droits »[1] tandis que les décisions « purement récognitives »[2] ne sont pas « créatrices de droits »[3]. Le retrait de l'autorisation d'accès au droit à la mort n'est pas envisageable en ce sens qu'il annulerait cet acte rétroactivement, cela n'a pas de sens. L'abrogation est davantage envisageable car la suppression ne vaut que pour l'avenir. Si le Code des relations entre le public et l'administration (CRPA) prévoit que « L'administration ne peut abroger ou retirer une décision créatrice de droits de sa propre initiative ou sur la demande d'un tiers que si elle est illégale et si l'abrogation ou le retrait intervient dans le délai de quatre mois suivant la prise de cette décision »[4]. Toutefois, le CRPA précise que cette abrogation est également possible sans condition si le maintien de la décision créatrice de droits « est subordonnée à une condition qui n'est plus remplie »[5]. Dans cette hypothèse la demande d'abrogation se fait à l'initiative de l'administration ou sur demande d'un tiers. Il semble peu probable, dans le cas d'une consécration du droit à la mort, que l'administration ait le temps et l'envie de vérifier à date régulière que les autorisations d'accès au droit à la mort ont été exécutées ou si elles ne l'ont pas été que leurs bénéficiaires y ont toujours droit. A l'aune de cette considération, il semble plus probable que ce soit des tiers, en l'occurrence des professionnels de santé, qui demandent l'abrogation s'ils venaient à considérer qu'un individu ne remplissait plus les conditions pour avoir accès au droit à la mort. Toutefois, cette situation reste hypothétique car l'une des

1 Ibid
2 Ibid
3 Ibid
4 CRPA, Article L.242-1
5 CRPA, Article L.242-2

conditions résidant dans l'impossibilité de soulager les souffrances, à moins d'un miracle il est fort improbable qu'elles disparaissent.

Si le droit à la mort s'appréhende aujourd'hui par le biais du suicide assisté ou de l'euthanasie active, des critères permettent de le définir par lui-même. Droit-créance guidé par le pouvoir essentiel de la volonté humaine sur la temporalité de la survenance de la mort et par l'exigibilité fondamentale d'un acte positif étatique, il n'est toutefois pas absolu et une clause de conscience peut lui être opposée. L'éventuelle consécration d'un droit à la mort dans l'ordonnancement juridique français ne pourrait toutefois se faire qu'à l'appui de droits et libertés déjà existants et permettant de fonder une telle consécration.

CHAPITRE 2 : LE DROIT POSITIF À L'APPUI D'UNE HYPOTHÉTIQUE CONSÉCRATION DU DROIT À LA MORT

« La vie, tu le sais, il ne faut pas s'y cramponner à tout prix : le bien, ce n'est pas de vivre, mais de vivre bien. C'est pourquoi le sage examine attentivement la question de savoir si le moment n'est pas arrivé d'en finir ».

Sénèque, Lettres à Lucilius [1]

Sénèque rappelle ici l'un des arguments principaux des ardents défenseurs de la consécration d'un droit à la mort. Le droit à la vie oui mais pas à n'importe quelle vie. Lorsque cette vie se révèle diminuée et source de souffrances, pourquoi ne faudrait-il pas envisager la mort comme une solution ? La mort serait alors le dernier acte de vie digne de l'être humain qui choisirait tout jusqu'à sa mort et le moment de sa survenance. Cette mort ne serait pas le résultat égoïste de la décision d'un individu prise à un instant T mais l'aboutissement d'une démarche réfléchie lui permettant de préserver et sauvegarder sa dignité et son intégrité d'être humain.

Si le droit à la mort nécessite de s'appuyer sur les droits déjà consacrés pour être reconnu (Section I), il admet aussi une incursion des pouvoirs publics dans ce que l'individu a de plus privé, sa vie (Section II).

1 SÉNÈQUE, Lettres à Lucilius, Lettre LXX, Hatier, 2001

Section I - Une impossible autonomie du droit à la mort

Le droit à la mort ne saurait être consacré sans l'appui de principes fondateurs (I) et de droits dérivés (II).

I- L'apport premier des principes fondateurs

Au titre des principes fondateurs pouvant permettre la consécration du droit à la mort, le principe de dignité (A) et le principe de liberté personnelle (B) s'avèrent être les plus convaincants.

A- Le principe de dignité, d'un idéal moral à un instrument juridique devenant réalité judiciaire

Le principe de dignité consacré dans l'ordonnancement juridique (2) sous-tend des implications concrètes (1).

Les implications concrètes du principe de dignité

Le droit au suicide assisté ou à l'euthanasie revendiqué au nom du principe de dignité par l'ADMD fait suite à l'article de Michel Landa paru en 1979 « Mourir, un droit » [1]. Si de prime abord, ce principe de dignité peut sembler appréhendé comme étant un droit subjectif, il s'avère foncièrement objectif. Cette dignité exprime « l'essence de l'humanité » [2] et partant la « dignité de l'homme » [3]. La Charte des droits fondamen-

1 M. LANDA, Mourir, un droit, Le Monde, 17 novembre 1979
2 B. MATHIEU, Chapitre 2. Le principe de dignité : un principe universel de portée limitée in Journal international de bioéthique et d'éthique des sciences, vol. 31, no. 4, 2020, pp. 33-39
3 Ibid

taux de l'Union européenne (CDFUE) place d'ailleurs ce principe de dignité en première position lorsqu'elle énonce que « consciente de son patrimoine spirituel et moral, l'Union se fonde sur les valeurs indivisibles et universelles de dignité humaine, de liberté, d'égalité et de solidarité ; elle repose sur le principe de la démocratie et le principe de l'État de droit » [1]. Par ailleurs, elle rappelle que « la dignité humaine est inviolable. Elle doit être respectée et protégée » [2]. La dignité est ainsi consacrée comme étant la base des droits fondamentaux mais aussi comme droit fondamental en tant que tel. Cette double nature introduit la confusion qu'il peut y avoir à propos du caractère subjectif ou objectif du principe de dignité. Cette interrogation n'est pas accessoire relativement au droit à la mort car selon l'un ou l'autre cas, il permettra de constituer ou non un appui pour la consécration du droit à la mort. En effet, si le principe de dignité est appréhendé dans le sens d'un droit subjectif alors il pourra être opposé à « toute autorité publique ou à tout autre particulier » [3] afin d'en assurer la protection. Dès lors, seule « la possibilité pour un individu de faire valoir devant un juge le respect d'un droit à la dignité dont il est le titulaire » [4] lui permettrait de faire « cesser ou de voir réparées les atteintes [...] subies » [5]. Si ce caractère subjectif semble acceptable, en ce qui concerne le droit à la mort, il ne peut en

1 Préambule, Charte des droits fondamentaux de l'Union européenne

2 Titre I, Article 1, Charte des droits fondamentaux de l'Union européenne

3 B. MATHIEU, Chapitre 2. Le principe de dignité : un principe universel de portée limitée in Journal international de bioéthique et d'éthique des sciences, vol. 31, no. 4, 2020, pp. 33-39

4 Ibid

5 Ibid

être ainsi. Autrement dit, le principe de dignité est essentiellement un droit objectif. Ainsi, indépendamment de « toute action individuelle en vue de sa protection » [1], il « s'impose comme une obligation que chacun doit respecter » [2] sans connaître, a priori, de limites. Ce principe de dignité prohibe toute atteinte à la dignité d'autrui, le consentement ou l'incapacité d'autrui ne levant en aucun cas cet interdit comme il l'a été vu précédemment. Le saisissement de cette notion par les juridictions internes en témoigne. Si dans l'affaire dite du « lancer de nain » [3] le Conseil d'État juge qu'un maire peut interdire un spectacle sur la base de l'atteinte à la dignité d'autrui, aucun droit subjectif n'est invoqué. Le Conseil constitutionnel a également appréhendé ce principe de dignité sous l'angle de la protection de l'embryon. Alors même que cet embryon n'est pas une personne titulaire de droits, il est admis que sa protection au nom de « la sauvegarde de la dignité de la personne humaine » [4] est un principe à valeur constitutionnelle. Dès lors, il ne saurait être considéré que ce principe de dignité est entendu comme droit subjectif permettant d'être invoqué directement à l'appui d'une violation mais il doit être compris comme droit objectif servant de fondement à la protection de droits subjectifs. Dans cette optique, le droit à la mort pourrait se fonder sur ce principe de dignité. Autrement dit, le principe de dignité pourrait servir de base légale objective à la consécration du droit à la mort.

---

1 B. MATHIEU, Chapitre 2. Le principe de dignité : un principe universel de portée limitée in Journal international de bioéthique et d'éthique des sciences, vol. 31, no. 4, 2020, pp. 33-39

2 Ibid

3 CE, 27 octobre 1995, Commune de Morsang-sur-Orge, req. n°136727 et CE, 27 octobre 1995, Ville d'Aix-en-Provence, req. n°143578

4 DC, 27 juillet 1994, n°94-343/344

Le principe de dignité implique également le refus de réification de l'Humain et de son corps. Autrement dit, il interdit, autant que faire se peut, qu'une personne soit considérée comme un objet. Pour le Tribunal constitutionnel espagnol, la dignité est un prius à l'existence des droits, elle en représente le fondement objectif. Ainsi, les comportements qui « réifient l'individu en le réduisant à une chose ou à un animal » [1] ou « l'instrumentalisent en oubliant que l'individu est une fin en soi, sont radicalement opposés à la dignité humaine » [2]. Dès lors, ce principe se pose en protecteur de l'être humain en interdisant que son corps ne soit réduit à son enveloppe corporelle sans considération aucune de la volonté de celui qui l'habite. Il permet notamment de protéger les sujets de droit les plus vulnérables et signifie qu'aucun individu ne peut être assujetti ou réifié lorsqu'il s'agit de son corps tout du moins. La Cour interaméricaine des droits de l'homme (CourIDH) appuie cette conception dans les décisions qu'elle a pu rendre. Si « l'idée d'empêcher une réification de la personne est souvent sous-jacente » [3], la dignité permet d'assurer la protection du « respect de l'intégrité physique et d'une vie digne » [4]. Cette conception a une signification juridique. Conçue dans un premier temps comme outil de protection des personnes contre les actes commis par l'État, la notion de dignité s'en est détachée afin de devenir un outil au service de la protection des droits subjectifs de

1 B. FEUILLET-LIGER, K. ORFALI, La réalité de deux principes de protection du corps dans le cadre de la biomédecine : La dignité et la non patrimonialité Étude internationale et pluridisciplinaire, Mission de recherche

2 Ibid

3 Ibid

4 Ibid

la personne contre les atteintes portées à l'individu par autrui. Dans ce contexte, comment considérer la situation dans laquelle un individu veut mourir parce que les souffrances qu'il endure ne peuvent être apaisées mais n'étant pas en capacité de mettre fin à ses jours seul ? Son corps ne deviendrait-il pas objet sur lequel les professionnels de santé s'acharneraient pour y maintenir la vie à tout prix au détriment de la volonté de la personne concernée ?

L'existence du principe de dignité dans l'ordonnancement juridique

Si la notion de dignité est présente depuis longtemps dans les textes juridiques français comme avec le décret Schœlcher abolissant l'esclavage qui énonce que « l'esclavage est un attentat contre la dignité humaine » [1], sa transformation en concept juridique, elle, est bien plus récente [2]. Malgré son apparition dans les grandes déclarations de droits fondamentaux consécutives à la Seconde guerre mondiale, le principe de dignité n'est pas directement applicable en droit interne français. Autrement dit, les individus ne pouvaient pas s'en prévaloir devant les juridictions nationales. Il faut attendre le 29 juillet 1994 et les lois dites de « bioéthique » pour que le principe de dignité soit inscrit dans le Code civil. Deux jours plus tôt, le Conseil constitutionnel, dans une décision rendue à propos de ces lois, a reconnu au principe de dignité une valeur constitutionnelle en énonçant que « la sauvegarde de la dignité de la personne humaine contre

1 Décret du 27 avril 1848 relatif à l'abolition de l'esclavage dans les colonies et possessions françaises

2 M. FABRE-MAGNAN, Le statut juridique du principe de dignité in Droits 2013/2 (n° 58), pages 167 à 196, PUF

toute forme d'asservissement et de dégradation est un principe à valeur constitutionnelle »[1] ; valeur constitutionnelle réaffirmée ensuite à de nombreuses reprises[2]. Le Conseil d'État a suivi le mouvement amorcé avec l'affaire du « lancer de nain » évoquée précédemment en estimant que le « jeu » conduisait à « utiliser comme un projectile une personne affectée d'un handicap physique et présentée comme telle ; que, par son objet même, une telle attraction porte atteinte à la dignité de la personne humaine »[3]. La Cour européenne des droits de l'homme s'est également inscrite dans ce mouvement en consacrant le principe de dignité comme étant « l'essence même de la Convention »[4] au même titre que la liberté alors même que le terme ne figurait pas dans la Convention de Rome. Le CCNE fait de la notion de dignité[5] un principe éminent, situé au sommet de la hiérarchie des principes éthiques[6].

Pour autant, ce principe de dignité ne saurait être absolu et, en ce sens, connaît des limites ce qui ne l'empê-

---

1 DC, 27 juillet 1994, n°94-343/344

2 Voir à ce propos DC, 19 janvier 1995, Loi relative à la diversité de l'habitat, n° 94-359 et DC, 29 juillet 1998, Loi d'orientation relative à la lutte contre les exclusions, n° 98-403

3 CE, 27 octobre 1995, Commune de Morsang-sur-Orge, req. n°136727 et CE, 27 octobre 1995, Ville d'Aix-enProvence, req. n°143578

4 CEDH, 22 novembre 1995, S.W. contre Royaume-Uni, req. n°20166/92

5 E. MARTINEZ, Le Comité Consultatif National d'Éthique et le principe de dignité in Droit, déontologie et soins, vol. 3, no 4, Masson, décembre 2003

6 R. BOURRET, F. VIALLA, E. MARTINEZ, Du « cardinal » au relatif : les avatars du principe de dignité dans la « jurisprudence » éthique du Comité Consultatif National d'Éthique in Médecine & Droit, 2014, pp. 66–73

che pas de pouvoir fonder un appui à l'hypothétique consécration d'un droit à la mort. Ces limites se traduisent notamment par la conception admise du principe de dignité. Le CCNE relève qu'un « clivage demeure entre ceux qui estiment que cette dignité donne à l'individu des devoirs envers lui-même » [1] et ceux qui pensent que « dans la mesure où il n'est pas porté atteinte à la dignité d'autrui, chacun demeure libre de déterminer ce qui est de l'ordre de sa propre dignité » [2]. Une conception réductrice s'oppose alors à une conception large du principe qui admet moins de limitations au principe. En pratique, le principe de dignité, parce qu'il constitue le fondement même, la base des droits fondamentaux ne saurait connaître que de rares et exceptionnelles limitations ou de mise en balance avec les autres principes consacrés. Le droit communautaire a admis la conciliation des libertés économiques fondamentales et des droits fondamentaux et notamment du principe de dignité. Ainsi, il a été jugé par la Cour de Luxembourg que « la restriction de la libre prestation de service dans le cas d'une société dont les services étaient de nature à porter atteinte à la dignité humaine » n'est pas disproportionnée [3]. Cette limitation admise au principe de dignité reste toutefois isolée. En cela, les seules véritables limites tiennent au fait que le principe de dignité étant large et défini de façon imprécise, il ne se trouve pas directement invoqué devant les juridictions. De manière générale et habituelle, ce sont ses implications concrètes comme l'interdiction de la torture et des peines ou traitements inhumains ou dégradants qui

1 CCNE, Avis n° 110 Problèmes éthiques soulevés par la gestation pour autrui (GPA), 1er avril 2010

2 Ibid

3 CJCE, 14 octobre 2004, Omega Spielhallen, affaire C-36/02

donnent à en connaître. Cette limite est favorable à la consécration d'un droit à la mort qui serait alors une déclinaison concrète du principe de dignité. Autrement dit, le droit à la mort permettrait à tout individu satisfaisant aux critères posés par la loi de connaître une fin de vie digne, c'est-à-dire respectant l'humanité même de l'être humain en ne le faisant pas souffrir au-delà de ce qui est raisonnablement acceptable. Le principe de dignité, fondement constitutionnel, permettrait de consacrer un droit à la mort mais il n'est pas le seul à ce titre.

B- Le principe de liberté personnelle soutenant la liberté d'être

Le principe de liberté personnelle se traduit par son approche renouvelée (1) faisant de la liberté personnelle une liberté d'être (2).

Une approche renouvelée du principe de liberté personnelle

Si la liberté incarne en elle-même le *pouvoir d'un mot*[1], si elle est la *seule valeur impérissable de l'histoire*[2], son approche juridique s'avère complexe. Il n'est pas question de tenter de définir en détail ce que recouvre cette liberté car cela conduirait à s'éloigner du sujet principal et parce ce serait un travail long et fastidieux déjà réalisé[3]. Toutefois, il convient d'en donner les grandes lignes afin de mieux appréhender les relations possibles avec une hypothétique consécration du droit

1 P. ELUARD, Liberté in Poésie et vérité, 1942

2 A. CAMUS, L'homme révolté, 1951

3 S. PERERA, Le principe de liberté en droit public français, coll. Thèses, Paris, LGDJ, 2021

à la mort. La liberté se caractérise avant tout par ses composantes spécifiques à savoir les libertés physiques, les libertés intellectuelles ou encore les libertés collectives englobant elles-mêmes d'autres libertés plus précises comme la liberté d'aller et venir, la liberté d'expression ou encore la liberté de manifestation. Bien que des textes fondateurs évoquent la liberté en son sens général [1], le Conseil constitutionnel, notamment, rattache la liberté personnelle aux articles 2 et 4 de la DDHC alors même que ces deux articles évoquent la liberté. Il apparaît alors délicat de fonder une hypothétique consécration du droit à la mort sur un principe qui n'est pas clairement établi et consacré. Pour cette raison, il convient de s'appuyer davantage sur une forme spécifique de la liberté à savoir la liberté personnelle. La liberté personnelle s'est développée au fil des années à mesure que la liberté individuelle voyait son champ d'application se restreindre. Si une décision du Conseil constitutionnelle de 1977 a posé le principe selon lequel la « liberté individuelle constitue l'un des principes fondamentaux garantis par les lois de la République » [2] et qu'ont été rattachées à cette liberté individuelle nombre de libertés au titre desquelles figurent la liberté d'aller et venir [3],

1 Voir à ce propos la DDHC, article 2 « Le but de toute association politique est la conservation des droits naturels et imprescriptibles de l'homme. Ces droits sont la liberté, la propriété, la sûreté, et la résistance à l'oppression » ou article 4 « La liberté consiste à pouvoir faire tout ce qui ne nuit pas à autrui : ainsi, l'exercice des droits naturels de chaque homme n'a de bornes que celles qui assurent aux autres membres de la société la jouissance de ces mêmes droits. Ces bornes ne peuvent être déterminées que par la loi », 1789

2 DC, 12 janvier 1977, Loi autorisant la visite des véhicules en vue de la recherche et de la prévention des infractions pénales, n° 76-75

3 DC, 25 février 1992, Loi portant modification de l'ordonnance

la protection de la vie privée[1] ou toute investigation coercitive[2] au cours des années 1980, la fin des années 1990 voit le champ de la liberté individuelle se réduire. En effet, elle est désormais cantonnée à l'article 66 de la Constitution au profit de la liberté personnelle, notion nouvelle consacrée par la décision du 20 novembre 2003[3] à laquelle se rattachent dorénavant la liberté d'aller et venir, la liberté de la vie privé ou encore la liberté du mariage. La liberté personnelle serait donc logiquement plus à même d'appuyer une éventuelle consécration du droit à la mort. Mais cette liberté personnelle est encore trop générique.

La liberté personnelle comprend en son sein de nombreuses libertés au titre desquelles figure le respect de la vie privée. Les décisions[4] ayant fondé cette appartenance du respect de la vie privée à la liberté personnelle constituent un bloc « assez consistant »[5] permettant de servir de fondement au droit à la mort. Quand il s'agit

n° 45-2658 du 2 novembre 1945 modifiée relative aux conditions d'entrée et de séjour des étrangers en France, n° 92-307

1 DC, 29 décembre 1983, Loi de finances pour 1984, n° 83-164

2 DC, 29 janvier 1988, Loi sur les bourses de valeurs, n° 87-240

3 DC, 20 novembre 2003, Loi relative à la maîtrise de l'immigration, au séjour des étrangers en France et à la nationalité, n°2003-484

4 Voir notamment DC, 23 juillet 1999, Loi portant création d'une couverture maladie universelle, n° 99-416 et DC, 29 juillet 2004, Loi relative à la protection des personnes physiques à l'égard des traitements de données à caractère personnel et modifiant la loi n° 78-17 du 6 janvier 1978 relative à l'informatique, aux fichiers et aux libertés, n° 2004-499

5 A. PLANTEY, S. MOUTON, Première table ronde. Les aspects constitutionnels de la liberté personnelle in : La liberté personnelle : Une autre conception de la liberté ? Presses de l'Université Toulouse Capitole, 2006

de consacrer de nouveaux droits, il est important qu'ils puissent s'appuyer sur des principes et droits déjà établis et consacrés, idéalement au niveau constitutionnel. Le droit au respect de la vie privée a valeur constitutionnelle depuis son entrée dans le bloc de constitutionnalité avec le rattachement à l'article 2 de la DDHC [1]. Ce droit au respect de la vie privée suppose la non immixtion d'autrui dans la vie privée de l'individu. Autrement dit, l'individu est libre de prendre les décisions qu'il souhaite tant que cela n'impacte pas autrui. A ce titre, de nombreux éléments sont entrés dans le domaine de la vie privée comme la santé [2], le sexe [3] ou encore la mort [4]. Dans ce dernier cas, il ne s'agit pas de la mort au sens du droit à la mort mais de l'image diffusée d'un mort. Devant la diversité des acceptions que prend le domaine de la vie privée, il n'est pas incohérent de penser que le droit à la mort pourrait éventuellement être consacré sur ce fondement en ce sens que tant qu'autrui n'est pas impacté par la mise en œuvre du droit à la mort, le principe de respect de la vie privée devrait permettre de le garantir.

Une liberté personnelle entendue comme liberté d'être

Cette liberté personnelle s'inscrit dans un ensemble plus large auquel Xavier Bioy a consacré un article éclairant [5]. Le droit au développement de la personnalité

---

1 DC. 23 juillet 1999, Loi portant création d'une couverture maladie universelle, n° 99-416 144 Civ. 1ère, 6 juin 1987

2 Civ. 1ère, 6 juin 1987

3 CEDH, 25 mars 1992, Affaire Van Oosterwijck contre Belgique, req. n°7654/76

4 Civ. 1ère, 20 décembre 2000

5 X. BIOY, Le libre développement de la personnalité en droit constitutionnel essai de comparaison (Allemagne, Espagne,

correspond ainsi à la prise en compte juridique, c'est-à-dire à l'institutionnalisation, des dimensions concrètes de la personnalité humaine fondée sur une « dynamique d'autonomie individuelle et de protection vis à vis des contraintes sociales » [1]. Ce droit au développement de la personnalité s'est affranchi des carcans emprisonnant les droits favorables à l'autonomisation de l'individu et fait devenir réelle la prédiction du doyen Hauriou selon lequel « plus la civilisation progresse, plus la personnalité juridique se rapproche de la personnalité réelle ; ce qu'il y a d'excessif dans sa continuité artificielle s'atténue » [2]. Cette prédiction en faveur d'une évolution des systèmes juridiques vers un réalisme humaniste tend à adapter les « mécanismes juridiques standards aux contingences individuelles » [3] avec les droits fondamentaux en fer de lance. Le droit au développement de la personnalité repose sur la liberté d'une part et sur la personnalité d'autre part. Ces deux aspects complémentaires peuvent s'analyser, selon le professeur Grewe, dans le sens d'une liberté de l'être et d'une liberté de l'agir. Dès lors, le droit à la mort s'inscrirait dans cette lignée de pensée en incarnant la liberté de l'individu de choisir le moment de la fin de sa vie et la façon dont elle se terminera.

France, Italie, Suisse) in Revue internationale de droit comparé, Vol. 55 N°1, Janvier-mars 2003, pages 123-147

1 X. BIOY, Le libre développement de la personnalité en droit con- stitutionnel essai de comparaison (Allemagne, Espagne, France, Italie, Suisse) in Revue internationale de droit comparé, Vol. 55 N°1, Janvier-mars 2003, pages 123-147

2 M. HAURIOU, De la personnalité comme élément de la réalité sociale, RGDL 1898, p. 20

3 X. BIOY, Le libre développement de la personnalité en droit constitutionnel essai de comparaison (Allemagne, Espagne, France, Italie, Suisse) in Revue internationale de droit comparé, Vol. 55 N°1, Janvier-mars 2003, pages 123-147

La liberté personnelle n'est toutefois pas absolue même si elle est un principe à valeur constitutionnelle. Elle se trouve restreinte par le principe de dignité évoqué précédemment. La dignité vient ainsi orienter cette interprétation de la liberté personnelle en lui assignant la limite de la dignité d'autrui et de soi. Il ne suffit pas qu'une personne estime qu'un acte doive être exécuté, en l'occurrence l'injection létale, pour qu'il soit digne. Autrement dit, la mise en œuvre d'une injection digne n'est pas garantie par l'accès au droit à la mort. La dignité est double. D'une part, garantir un accès au droit à la mort, quand les conditions posées sont remplies, satisfait au principe de dignité mais encore faut-il, d'autre part, que la mise en œuvre du droit à la mort soit, lui aussi, digne. C'est la raison pour laquelle, « quand la question de la renonciation à un aspect du libre développement se pose, la limite de l'autonomie individuelle rencontre les impératifs de la dignité » [1]. Malgré cette limite, la conciliation entre les deux principes fondateurs que sont le principe de dignité et le principe de liberté personnelle pourrait constituer l'assise nécessaire à la consécration d'un droit à la mort. Ces principes fondateurs ne sont toutefois pas les seuls pouvant constituer cette assise.

II- L'apport secondaire des droits dérivés

Au titre des droits dérivés pouvant permettre la consécration du droit à la mort, le droit à la vie (A) et le

1 X. BIOY, Le libre développement de la personnalité en droit con- stitutionnel essai de comparaison (Allemagne, Espagne, France, Italie, Suisse) in Revue internationale de droit comparé, Vol. 55 N°1, Janvier-mars 2003, pages 123-147

droit à l'autodétermination de la personne humaine (B) s'avèrent être les plus convaincants.

A- Le droit à la vie, obstacle à la réification de l'Homme

Le droit à la vie se réfère à la fois au droit de ne pas subir d'atteintes (1) et au refus de l'instrumentalisation de la vie (2).

Le droit de ne pas subir d'atteintes à sa vie

La vie et la mort sont deux notions antagonistes. Il semble donc à première vue impossible que l'une puisse prendre appui sur l'autre pour exister et pourtant cette première impression se révèle erronée. Le droit à la vie « relève de l'évidence »[1]. Selon Bertrand Mathieu, le traitement juridique du droit à la vie admet que « l'accès à la vie comme l'accès à la mort peuvent être conditionnés par un certain seuil de la qualité de la vie »[2]. Autrement dit, une qualité de vie qui apparaîtrait comme médiocre pourrait justifier « l'interruption du processus vital et le recours à l'euthanasie »[3]. Ainsi, si le droit à la vie se réfère classiquement à la protection de la vie de l'individu contre les atteintes qui pourraient lui être portées, de manière novatrice cette notion se réfère aux conditions d'intervention de l'homme admises notamment pour mettre un terme au processus vital conduisant alors à la mort de l'individu. Si le droit à la vie constitue un « attribut inaltérable de la personne hu-

1 B. MATHIEU, Le droit à la vie, Editions du Conseil de l'Europe, 2005, p. 9
2 Ibid
3 Ibid

maine » [1] et qu'il « forme la valeur suprême dans l'échelle des droits de l'homme » [2], il ne bénéficie pas de la même indérogeabilité que le principe de dignité dont il « découle directement » [3]. Ainsi, il peut être dérogé à ce principe tant pour des considérations tenant à la préservation d'autres droits fondamentaux que pour des raisons tenant à la préservation de l'ordre public. Toutefois, certains aspects du droit à la vie apparaissent comme ne pouvant donner lieu à des atteintes. Il en est ainsi de « l'interdiction pénale de commettre un meurtre » [4] ou encore de la « prohibition de la peine de mort » [5]. Classiquement, Bertrand Mathieu pose l'euthanasie comme « possible exception à l'interdiction de donner la mort » [6] et donc comme exception au droit à la vie. Dans cette logique, si le droit à la mort incarnait l'exception admise de l'atteinte au droit à la vie, ce second ne pourrait pas permettre de fonder le premier. Il apparaît dès lors nécessaire de dépasser cette conception qui, pour sa défense, a été établie il y a près de vingt ans. Il ne s'agit plus de considérer le droit à la vie comme un droit objectif, général et sans imprégnations particulières.

Le droit à la vie, c'est certes le droit de ne pas subir d'atteintes à celle-ci mais c'est surtout, dorénavant, le droit à une vie de qualité ou digne selon les termes utilisés notamment par les ardents défenseurs d'une consé-

1 CEDH, 22 mars 2001, Affaire K.-H.W. contre Allemagne, req. n°37201/97

2 CEDH, 22 mars 2001, Affaire K.-H.W. contre Allemagne, req. n°37201/97

3 B. MATHIEU, Le droit à la vie, Editions du Conseil de l'Europe, 2005, p. 19

4 Ibid, p.12

5 Ibid

6 Ibid, p.45

cration de l'euthanasie active. Et qu'estce qu'une vie digne ? Qu'est-ce qu'une vie de qualité ? Les réponses à ces questions ne peuvent que varier en fonction des individus tant les perceptions de la vie divergent mais il est tout de même possible d'établir un canon auquel référence peut être faite. Une vie digne est une vie dans laquelle l'humanité de l'être humain est respectée. Plus précisément, une vie digne correspond à une vie où l'individu est maître de sa propre vie selon Kant, c'est-àdire qu'il ne se contente pas d'en être le simple spectateur. Contrairement à ce qu'avance Laurence Devillairs, la dignité ne peut survivre à tout y compris là où l'individu est « contraint d'endurer et de subir les pires souffrances » [1]. Lorsque l'individu est confronté à ce type de situation, qu'aucun traitement ne peut soulager ses souffrances et que ses journées ne sont rythmées que par les variations de douleur, qu'en est-il de la dignité ? La vie digne suppose que chaque étape soit marquée du même sceau de la dignité. La mort doit, en tant qu'ultime étape de la vie, être digne, elle aussi. Une mort digne peut alors être assimilée à une bonne mort, définition même de l'euthanasie. Cette préoccupation d'une mort digne, sans souffrances et sans agonie, n'est pas nouvelle et était déjà au centre des préoccupations antiques dont les propos d'Auguste rapportés par Suétone synthétisent la pensée : « Presque toujours, quand on lui annonçait que telle personne était morte promptement et sans souffrir, il demandait aux dieux pour lui et pour les siens une semblable euthanasie – c'est le propre terme grec dont il avait coutume de se servir » [2]. Si les défenseurs des soins

1 L. DEVILLAIRS, Fin de vie : qu'est-ce qu'une vie digne ?, Tribune La Croix, 6 avril 2023

2 SUÉTONE rapportant les propos d'AUGUSTE, Vie des douze Césars, 121

palliatifs avancent le fait qu'ils permettent une fin de vie digne pour rejeter l'hypothétique légalisation d'une aide active à mourir au moyen des techniques de lutte contre la douleur, ces moyens ne visent qu'à « adoucir l'agonie » [1]. Adoucir l'agonie, quel doucereux oxymore. L'adoucir, c'est « déjà presque en faire l'économie » [2] en ce sens qu'ils ne la suppriment pas comme le fait l'euthanasie active et donc qu'ils admettent une survivance de l'agonie, teintée de souffrances morales et physiques. Si la dignité est une « boussole qui donne un sens à la vie individuelle » [3], associée au droit à la vie, elle apparaît à même de fonder un droit à la mort entendu comme un droit à une fin de vie digne.

Le refus de l'instrumentalisation de la vie humaine

Le refus de l'instrumentalisation de la vie humaine est synonyme du droit de disposer de sa vie. Les progrès médicaux, notamment en ce qui concerne l'allongement de la durée de vie ou l'atténuation des souffrances, ne doivent pas être prétexte à conduire à une certaine forme d'instrumentalisation de la vie. Cette considération rejoint celle étudiée précédemment qui voulait que le principe de dignité implique le refus de réification de l'Humain et de son corps. La fondation d'un droit à la mort sur le droit à la vie entendu comme la possibilité de disposer de sa vie ne doit toutefois pas être envisagée dans un sens absolutiste. En ce sens, tout individu ne pourrait se prévaloir de son droit à la vie et plus parti-

1 M. CASTRA, Bien mourir. Sociologie des soins palliatifs, PUF, 2003

2 Ibid

3 T. BONI, Qu'est-ce qu'une vie digne ?, Diogène, vol. 253, n°1, 2016, pp. 110-125

culièrement de sa disposition pour exiger qu'il y soit mis fin. Là encore, des garde-fous sont nécessaires afin de se prémunir contre les dérives possibles de la consécration d'un droit à la mort. La fondation d'un droit à la mort sur le droit à la vie entendu comme la possibilité de disposer de sa vie signifie davantage la possibilité pour un individu, dont les souffrances sont persistantes et pour lequel aucune solution de traitement n'est possible, d'invoquer son droit à ce que son corps ne soit pas instrumentalisé ; l'acharnement thérapeutique, la prolongation chimérique de la vie à tout prix pouvant mener à cette instrumentalisation. Le corps humain n'est pas un objet dénué de volonté. C'est pourquoi un droit à la mort fondé sur le droit de disposer de son corps apparaît envisageable.

Le droit à la vie comme fondement possible du droit à la mort permet de mettre en avant la relation entre l'aide active à mourir et les soins palliatifs. Ces derniers, souvent présentés comme inconciliables avec le droit à la mort car poursuivant un objectif différent : les uns ont pour but d'apaiser les souffrances, l'autre a pour but d'arrêter les souffrances, s'avèrent toutefois complémentaires de possibles aides actives à mourir. L'aide active à mourir et les soins palliatifs ne sont pas alternatifs, la présence de l'un ne signifie pas l'absence de l'autre. Au contraire, les deux s'avèrent nécessaires afin d'établir une meilleure prise en charge des malades. Reconnaître un droit à la mort ne serait alors pas significatif d'une régression des soins palliatifs mais permettrait de les mettre davantage en avant en affichant leur complémentarité et en permettant d'offrir un panel plus large de solutions aux patients concernés. Le droit à la vie, incluant une vie digne et une mort digne, nécessite la coexistence de ces deux possibilités. C'est justement au nom de cette pluralité qu'un droit à la mort pourrait être consacré sur le fondement du droit à la vie car c'est dans le choix que se traduit toute la dimension volontariste de l'être humain. Offrir le choix, c'est assurer une pratique effective du droit à la vie en proposant à chaque patient la réponse la plus adaptée à sa situation et, ce faisant, en répondant de la meilleure manière possible à sa dignité. Ce choix permettrait à l'individu de faire appel à ses capacités de délibérer et de décider, de formuler une préférence [1]. Autrement dit, il lui permettrait de formuler une préférence en faisant appel à sa raison et c'est dans ce raisonnement que l'action réflective serait véritablement humaine. Le proaïrésis [2], le choix délibéré, serait le témoin de la dignité de l'homme dans sa forme la plus aboutie et la consécration d'un droit à la mort, bien loin de réduire cette dignité en posant des critères qui feraient que certaines vies soient moins dignes que d'autres, favoriseraient l'émergence d'une dignité pleine et entière par le prisme du refus de l'instrumentalisation et du droit à la vie.

Si le droit à la vie pourrait permettre la consécration d'un droit à la mort, le droit à l'autodétermination apparaît comme une notion essentielle à l'appui de cette assise.

1 A. ZIELINSKI, Le libre choix. De l'autonomie rêvée à l'attention aux capacités, Gérontologie et société, vol. 32/131, no. 4, 2009, pp. 11-24

2 ARISTOTE, Éthique à Nicomaque (1990), I, 6 et III, 4, Paris, Vrin

B- Le droit à l'autodétermination de la personne humaine, fondement le plus adéquat à la consécration d'un droit à la mort

Le droit à l'autodétermination de la personne est peut être le moins connu des droits invoqués à l'appui d'une hypothétique consécration du droit à la mort mais il n'en demeure pas moins l'un des plus convaincants que ce soit en raison de son rattachement au droit au respect de la vie privée (1) ou en raison d'une de ses conséquences principales à savoir l'interdiction formelle de la contrainte (2).

Le principe d'autodétermination rattaché au droit au respect de la vie privée

La vie privée est une notion particulièrement « floue, extensive et donc difficilement appréhendable » [1]. Cette constatation est confortée par la doctrine : il pourrait être débattu « à l'infini des contours de la vie privée » [2] et définir cette notion s'avère « délicat » [3]. Pour autant, son contenu n'est pas immuable de sorte que « la liste de ses composantes n'est jamais exhaustive » [4]. La ju-

1 S-M. FERRIÉ, Le droit à l'autodétermination de la personne humaine, Essai en faveur du renouvellement des pouvoirs de la personne sur son corps, Institut de recherche juridique de la Sorbonne, 2018

2 E. DREYER, Vie privée in Dictionnaire des droits fondamentaux, D. CHAGNOLLAUD et G. FRAGO (dir.), Dalloz, 2006, p. 728

3 A. BATTEUR, Droit des personnes, des familles et des majeurs protégés, LGDJ, 2021

4 S-M. FERRIÉ, Le droit à l'autodétermination de la personne humaine, Essai en faveur du renouvellement des pouvoirs de la personne sur son corps, Institut de recherche juridique de la Sorbonne, 2018

risprudence joue donc un rôle prépondérant et pourrait permettre, si une législation autorisant l'aide active à mourir était adoptée, d'appuyer le droit à la mort en se fondant sur le principe d'autodétermination découlant du droit au respect de la vie privée. En droit européen, le rattachement du principe d'autodétermination au droit au respect de la vie privée de l'article 8 [1] est évident, il a été réalisé par l'arrêt Pretty contre Royaume-Uni [2]. De nombreux droits sont, dans la même veine, rattachés au droit au respect de la vie privée comme le droit de choisir dans quelles conditions mourir [3] ou le droit au respect de son intégrité physique [4]. Si un hypothétique droit à la mort pourrait être assis sur le principe d'autodétermination, c'est parce que ce dernier implique pour chaque individu de « mener sa vie comme il l'entend » [5] en opérant des « choix concernant son propre corps » [6]. Il confère dès lors indéniablement à l'individu des pouvoirs sur luimême. Les actes d'autodétermination, en ce sens, sont des actes volontaires réalisés sur le corps de l'individu qui le décide. Comme l'a relevé Scarlett-May Ferrié dans sa thèse, le « principe d'autodétermination a trait à la dimension offensive de la vie privée » [7]. Dès

1 CEDH, Article 8 §1 « toute personne a droit au respect de sa vie privée et familiale, de son domicile et de sa correspondance »

2 CEDH, 29 avril 2002, Pretty contre Royaume-Uni, § 61, req. n°2346/02

3 CEDH, 20 janvier 2011, Haas contre Suisse, req. n°31322/07

4 CEDH, 26 juillet 2011, Georgel et Georgeta Stoicescu contre Roumanie, req. n°9718/03

5 CEDH, 29 avril 2002, Pretty contre Royaume-Uni, § 66, req. n°2346/02 et CEDH, 17 février 2005, K.A. et A.D. contre Belgique, §83, req. n°42758/98 et req. n°45558/99

6 Ibid

7 S-M. FERRIÉ, Le droit à l'autodétermination de la personne humaine, Essai en faveur du renouvellement des pouvoirs de la personne sur son corps, Institut de recherche juridique de la Sor-

lors, une demande d'euthanasie active s'inscrit dans la revendication d'une sphère d'autonomie ; sphère d'autonomie propre aux actes d'autodétermination. Cette sphère d'auto-nomie se singularise par le refus de toute ingérence des pouvoirs publics ou d'autrui en son sein. Autrement dit, consacrer un droit à la mort en se basant sur le principe d'autodétermination revient à considérer que lorsque les conditions nécessaires à son exercice sont remplies, les pouvoirs publics ou autrui ne pourront pas s'immiscer dans sa mise en œuvre en ce qu'ils ne pourront pas l'empêcher. Cette approche de la notion est toutefois plus aisée en droit européen qu'en droit français en ce que le premier l'a explicitement reconnu tandis que le second est bien plus réticent.

En droit français, le rattachement du principe d'autodétermination au droit au respect de la vie privée est moins évident qu'en droit européen mais demeure tout de même possible. Si la conception française de la vie privée apparaît plus restreinte que la conception européenne, elle recouvre tout de même de très nombreuses hypothèses comme l'identité de la personne [1] ou son logement [2]. Contrairement à la conception foncièrement offensive du droit au respect de la vie privée du droit européen, la conception française est essentiellement tournée dans un sens défensif. C'est avant tout le droit au secret qui est protégé par le droit au respect de la vie privée [3] car lorsque le corps ou le domicile sont visés,

bonne, 2018

1 Civ. 1ère, 13 février 1985, n°84-11.524

2 Civ. 1ère, 19 mars 1991, n°89-19.960, chacun a le « droit de refuser de faire connaître le lieu de son domicile ou de sa résidence »

3 Voir à ce propos P. KAYSER, Le secret de la vie privée et la jurisprudence civile in Mélanges René Savatier, Dalloz, 1965

c'est pour en interdire la divulgation. S'il semble ainsi plutôt ardu de faire entrer le principe d'autodétermination dans le champ du droit au respect de la vie privée et partant de donner une assise au droit à la mort, la jurisprudence nationale s'est positionnée dans un sens encourageant. Le Conseil constitutionnel a pu rattacher la vie privée au concept de liberté individuelle [1] signifiant ainsi que la vie privée ne se caractérise pas simplement défensivement mais qu'elle protège également une sphère de liberté. Les juridictions civilistes de droit commun ont également été amenées à statuer dans un sens favorable à l'intégration du principe d'autodétermination dans la notion de vie privée notamment en estimant que le droit au respect de la vie privée constitue le « droit pour une personne d'être libre de mener sa propre existence comme elle l'entend avec le minimum d'ingérences extérieures » [2]. Dès lors, il ne paraît pas illusoire de considérer que le droit à la mort pourrait s'appuyer sur le principe d'autodétermination de la personne humaine, notion ellemême issue du droit au respect de la vie privée dès lors que le principe est accueilli en droit français.

Le droit à l'autodétermination comme interdiction de la contrainte

La raison principale pour laquelle le principe d'autodétermination pourrait permettre de fonder un éventuel droit à la mort réside dans sa signification. L'exercice du droit à l'autodétermination suppose que le « titulaire du corps puisse manifester sa volonté d'effectuer un acte sur

1 DC, 23 juillet 1996, n°99-416
2 CA Paris, 15 mai 1970

son corps » [1]. C'est précisément tout l'enjeu du droit à la mort : que l'individu puisse manifester sa volonté qu'autrui lui injecte une substance létale ou qu'il lui prescrive ladite substance afin qu'il se l'injecte lui-même. Dès lors qu'il y a contrainte, cette manifestation de volonté ne peut plus être considérée comme constituant un droit à l'autodétermination. Ainsi, si une relation sexuelle librement consentie constitue un acte d'autodétermination, l'intervention de la contrainte entraîne une violation de ce droit à l'autodétermination [2]. Contraindre un individu à faire ce qu'il ne veut pas ou, au contraire, à ne pas faire ce qu'il veut empêche donc la qualification d'acte d'autodétermination. Contraindre un individu à mourir relève de la qualification pénale tandis qu'empêcher un individu de mourir alors qu'il le souhaite lui ôte son libre arbitre. Plus globalement et dans la continuité de ce qu'il a été énoncé précédemment, la contrainte signifie l'absence de choix [3] et s'oppose donc à la liberté du choix de la fin de vie et partant à la mort digne.

Cette contrainte se caractérise par une « privation de choix impliquant l'absence d'une pluralité d'options et l'impossibilité de refuser » [4]. Cette constatation justifie le fait qu'elle soit « l'exact opposé du droit à l'autodétermination qui permet justement à l'agent d'effectuer tous

---

1 S-M. FERRIÉ, Le droit à l'autodétermination de la personne humaine, Essai en faveur du renouvellement des pouvoirs de la personne sur son corps, Institut de recherche juridique de la Sorbonne, 2018

2 Crim, 10 juillet 1973, n°73-90.104

3 J. PRADEL, Droit pénal général, Cujas, 2014

4 S-M. FERRIÉ, Le droit à l'autodétermination de la personne humaine, Essai en faveur du renouvellement des pouvoirs de la personne sur son corps, Institut de recherche juridique de la Sorbonne, 2018

les choix que lui dicte son libre arbitre » [1]. En droit français, actuellement, l'individu qui souhaite mourir car ses souffrances ne peuvent être soulagées, n'a pas de choix. Ce sont les soins palliatifs ou rien. Cette absence de choix explique la situation constatée depuis des années à savoir que nombre de Français se rendent en Belgique ou en Suisse pour bénéficier d'une aide active à mourir. Si le choix leur était donné dans leur pays, ils ne s'expatrieraient pas pour mourir. Quoiqu'il en soit, le droit à l'autodétermination en ce qu'il prône la possibilité pour l'individu de choisir ce qu'il estime être le mieux pour lui apparaît comme un fondement solide à une hypothétique consécration du droit à la mort en France et si cette consécration intervenait, elle viendrait renforcer le principe d'autodéter-mination qui n'a pas la même importance en droit national que dans la jurisprudence de la CourEDH.

S'il est nécessaire d'étudier les fondements qui pourraient permettre de consacrer un droit à la mort en droit français, cette consécration ne saurait exister sans l'intervention d'acteurs centraux. Le législateur d'abord devrait se saisir de la question et le juge ensuite aurait à garantir ce droit afin qu'il soit effectif et entier.

---

1 S-M. FERRIÉ, Le droit à l'autodétermination de la personne humaine, Essai en faveur du renouvellement des pouvoirs de la personne sur son corps, Institut de recherche juridique de la Sorbonne, 2018

Section II - L'ingérence relative du droit dans la sphère privée

Dans l'hypothèse d'une consécration du droit à la mort, l'intervention du législateur s'avérerait nécessaire (I) tandis que l'intervention du juge permettrait d'appuyer l'intervention législative (II).

I- L'intervention première obligatoire du législateur

Le législateur, s'il venait à consacrer un droit à la mort, pourrait procéder à un raisonnement en deux étapes en s'inspirant notamment de ce qui a pu être fait à l'étranger. S'il devrait dans un premier temps dépénaliser l'aide active à mourir (A), il pourrait dans un second temps consacrer le droit à la mort (B).

A- La nécessité d'une dépénalisation de l'aide active à mourir

La dépénalisation de l'aide active à mourir devrait logiquement s'inscrire dans la continuité des lois bioéthiques des dernières décennies (1) et s'inspirer des législations étrangères relativement à l'aide active à mourir (2).

L'inscription logique dans la continuité des lois bioéthiques

Les lois bioéthiques de juillet 1994 [1] ont opéré un profond basculement en droit français en créant un statut juridique du corps humain et en faisant basculer celui-ci de la catégorie de sujet de droit à celle d'objet de droit. Ces lois témoignent de la volonté politique de légiférer en matière de sciences de la vie et de la santé même si leur contenu n'a pas pu épouser l'entièreté du domaine de la bioéthique [2]. Le projet de législation unitaire initial aboutit finalement en mars 1992 au dépôt des trois lois de 1994 déjà citées ; c'est pour cette raison qu'elles sont connues sous le vocable de lois bioéthiques et non de loi bioéthique. Ces lois initiales, parce qu'elles se révèlent lacunaires, ont par la suite été révisées par trois fois et complétées à de multiples reprises. Les trois lois de révision sont clairement identifiables en ce qu'elles sont désignées sous le terme de lois « relatives à la bioéthique » [3]. Il ne s'agit pas là d'établir un exposé détaillé du contenu de ces lois de révision mais d'en relever les traits saillants démontrant qu'une loi dépénalisant l'aide active à mourir s'inscrirait dans leur continuité. La pre-

1 LOI n° 94-548 du 1er juillet 1994 relative au traitement de données nominatives ayant pour fin la recherche dans le domaine de la santé et modifiant la loi n° 78-17 du 6 janvier 1978 relative à l'informatique, aux fichiers et aux libertés ; LOI n° 94-653 du 29 juillet 1994 relative au respect du corps humain ; LOI n° 94-654 du 29 juillet 1994 relative au don et à l'utilisation des éléments et produits du corps humain, à l'assistance médicale à la procréation et au diagnostic prénatal

2 J-R. BINET, Droit de la bioéthique, LGDJ, 2e édition, 2023

3 LOI n° 2004-800 du 6 août 2004 relative à la bioéthique ; LOI n°2011-814 du 7 juillet 2011 relative à la bioéthique ; LOI n°2021-1017 du 2 août 2021 relative à la bioéthique

mière s'inscrit dans un contexte scientifique et social marqué par les évolutions certaines de la science depuis 1994 au titre desquelles peuvent être citées la première réussite de clonage d'un mammifère ou encore la mise au point d'une nouvelle technique d'assistance à la procréation : l'intracytoplasmic sperm injection (ICSI). Elle n'intègre toutefois pas en son sein de règles relatives à la recherche biomédicale. La deuxième loi se caractérise par le travail préparatoire très poussé qui a été mené avant qu'elle n'entre en vigueur mais également par les avancées réelles qu'elle a permises. Si elle a autorisé la ratification de la Convention d'Oviedo, convention importante s'il en est en matière de protection des droits de l'homme, elle a surtout inclus à la bioéthique les neurosciences et l'imagerie cérébrale. Cette loi reste toutefois prudente et mesurée relativement aux revendications davantage sociales que scientifiques. Elle a ainsi refusé de consacrer des changements pourtant attendus en matière de « gestation pour autrui, de procréation post mortem ou d'ouverture [de la procréation médicalement assistée] aux couples de même sexe » [1]. Quant à la troisième et dernière loi de révision en date, elle marque une véritable rupture avec les précédentes car il s'agissait de « révolutionner la matière » [2]. L'une des principales avancées de cette loi réside dans l'ouverture plus large de la procréation médicalement assistée ; cette loi illustre le passage du médical au social en révélant la prise en compte accrue des évolutions sociétales.

Aux côtés de ces lois relatives à la bioéthique, le législateur français est régulièrement intervenu par le prisme de lois complémentaires en raison de l'incomplétude des

1 J-R. BINET, Droit de la bioéthique, LGDJ, 2e édition, 2023
2 Ibid

premières lois évoquées. Ces lois sont tout particulièrement intéressantes et vont sembler familières pour certaines car c'est à cette catégorie de lois complémentaires qu'appartiennent les lois citées en introduction relatives à la fin de vie. Ces lois sont intervenues, de même que les lois relatives à l'expérimentation humaine, parce que les lois bioéthiques passaient sous silence les questions évoquées. D'autres lois sont également intervenues afin de faire évoluer les dispositions posées par les lois bioéthiques ou de révision mais il n'apparaît pas nécessairement pertinent de s'y intéresser plus en profondeur ici. Les lois relatives à la fin de vie sont au nombre de deux : il s'agit de la loi du 22 avril 2005 dite Loi Leonetti et de la loi du 2 février 2016 dite Loi Claeys-Léonetti. Il ne sert pas à grand-chose de s'attarder sur leur contenu car il a déjà été détaillé en introduction. En revanche, il paraît plus judicieux de s'intéresser à leur contexte d'adoption et à la place qu'elles occupent par rapport aux autres lois prises dans le domaine de la bioéthique. La loi de 2005 a été adoptée dans le contexte de l'affaire Vincent Humbert pour tenter de répondre aux problèmes observés. Elle aboutit à un rejet de l'excès de médicalisation de la fin de vie, c'est-à-dire à un rejet de l'acharnement thérapeutique. La loi de 2016, elle, intervient pour combler les lacunes constatées notamment à l'aune de l'affaire Vincent Lambert et admet la possibilité d'une « sédation profonde et continue [...] jusqu'au décès » [1]. Ces lois se sont inscrites dans un contexte social tendu dans le sens où des affaires ont mis à jour les lacunes des lois déjà établies. La Convention citoyenne sur la fin de vie réunie de décembre 2022 à avril 2023 vise à faire un état des lieux de la question alors même que 78 % des

1 LOI n° 2016-87 du 2 février 2016 créant de nouveaux droits en faveur des malades et des personnes en fin de vie, article 3

Français se déclarent favorables à un changement de la législation en faveur de la légalisation de l'euthanasie ou du suicide assisté [1] et que 82 % des Français estiment que l'euthanasie ou le suicide médicalement assisté sont des soins de fin de vie [2]. Dès lors, une évolution de la législation dans le sens d'une légalisation de l'euthanasie active ou du suicide assisté ne serait pas inattendue et ce, d'autant plus que la conclusion principale de cette Convention est que la législation doit évoluer dans un sens favorable à cette légalisation. Le chemin est encore toutefois long et il ne faut pas oublier que jusqu'à maintenant, toutes les lois allant dans ce sens n'ont jamais été adoptées par les parlementaires.

L'inspiration bienvenue des législations étrangères dépénalisant l'aide active à mourir

L'étude des législations étrangères, sans prétendre à l'exhaustivité, est la bienvenue pour s'inspirer et prendre connaissance des différentes possibilités qui s'offriraient à la France en cas de consécration d'un droit à la mort. Certains pays ou États fédérés ont d'ores et déjà consacré un droit à la mort par le prisme de la légalisation du suicide assisté ou de l'euthanasie active. C'est le cas notamment des Pays-Bas, premier pays européen à légaliser l'euthanasie active en 2001 et ayant récemment ouvert cette possibilité aux enfants de moins de 12 ans, mais aussi de la Belgique qui a légalisé l'euthanasie en 2002 ou encore de 11 États des États-Unis qui autorisent le recours au suicide assisté. Ces légalisations sont intervenues par la voie législative et ont été expressément

1 Sondage réalisé par l'Ifop pour l'ADMD, Le regard des Français sur la fin de vie, Octobre 2022

2 Ibid

consacrées. Elles représentent la voie la plus claire et explicite permettant de consacrer un droit à la mort. Si ces situations semblent préférables en ce qu'un droit est clairement posé par une loi et dès lors qu'aucun doute n'est permis sur la possibilité de recourir ou non au suicide assisté ou à l'euthanasie active, elles sont toutefois plus contraignantes pour l'État qui viendrait à adopter une telle loi. En effet, cette dernière ne pourrait être adoptée qu'à l'issue de probables longs débats législatifs et ne serait pas certaine d'être adoptée. En matière de sujets clivants comme peut l'être le droit à la mort, aucune certitude n'est jamais acquise. Si cette consécration claire et précise d'un droit à la mort apparaît préférable, c'est avant tout parce que les situations inverses sont sources d'incertitudes.

La simple dépénalisation de l'euthanasie active ou du suicide assisté pourrait être envisagée pour la France. Toutefois, elle laisserait planer un doute juridique quant à sa réelle consécration dans le sens où il pourrait beaucoup plus aisément être revenu dessus. Aucun droit ne serait alors véritablement garanti. Ce choix d'une simple dépénalisation est pourtant celui fait par de nombreux pays. Là encore, une gradation existe entre les différents pays. Si au Danemark, le suicide assisté et l'euthanasie active sont strictement condamnés, le médecin peut toutefois s'abstenir de soigner son patient. Ce cas se rapproche de celui de la France avec les soins palliatifs mais également de la Norvège qui tolère l'arrêt des traitements à certaines conditions précises. Les pays où cette simple dépénalisation de l'euthanasie active ou du suicide assisté est constatée le doivent à l'intervention de leur juridiction interne suprême. En Allemagne d'abord, alors que le suicide assisté est autorisé en 2010, une loi de 2015 vient le rejeter expressément. Cette intervention législative aurait pu marquer la fin du processus mais le Tribunal constitutionnel de Karlsruhe intervient en 2020 en énonçant que cette loi de 2015 est contraire au droit de choisir sa mort. Dès lors, les médecins qui aident leur patient à mettre fin à leurs jours ne pourront plus être poursuivis. En Colombie ensuite, une décision de la Cour constitutionnelle de 1997 pose le principe selon lequel un médecin ne peut pas être poursuivi pour avoir réalisé une euthanasie sur un patient en phase terminale lorsque celui-ci avait donné son consentement. La situation colombienne est cependant transitoire car une loi de 2015 est venue légaliser expressément la pratique de l'euthanasie active. En Italie enfin, malgré les dispositions du code pénal qui répriment l'assistance au suicide, la Cour constitutionnelle a estimé en septembre 2019 que le suicide assisté pouvait être licite à certaines conditions ce qui revient non pas à le consacrer mais à le dépénaliser de facto. Depuis cette décision, plusieurs suicides assistés ont eu lieu en Italie sans que les médecins ayant prescrit les substances létales ne soient inquiétés. Plusieurs choix s'offrent ainsi à la France si elle venait à se saisir de la question de l'euthanasie active et du suicide assisté. Si la consécration explicite apparaît préférable en ce qu'elle instaure un véritable droit à la mort, sa dépénalisation pourrait constituer la première étape d'un processus s'achevant par une véritable consécration sur le modèle colombien. Toutefois, si une certitude existe, elle concerne le fait que les débats précédant l'éventuelle présentation d'un projet de loi seront houleux et se devront d'être longs car la question du droit à la mort est une question de la plus haute importance car relative aux droits les plus précieux de l'être humain.

B- La possibilité d'une consécration du droit à la mort

Cette possibilité de la consécration d'un droit à la mort a, pour le moment, très rarement été mise en œuvre dans les législations étrangères mais constituerait l'étape ultime de la consécration du droit à la mort (1) malgré les nombreux obstacles qui se dressent (2).

L'ultime étape permettant une consécration pleine et entière du droit à la mort

Consacrer le droit à la mort signifie le rendre durable, en faire une règle habituelle et ainsi lui donner une place éminente dans l'ordonnancement juridique. Consacrer le droit à la mort signifie le légaliser et pas seulement le dépénaliser. Consacrer le droit à la mort revient à lui donner une certaine valeur juridique lui assurant dès lors une certaine stabilité. Ces considérations veulent que les positions adoptées par l'Italie ou l'Allemagne ne soient pas suffisantes. Comme le rappelle Anne Levade sur la question de l'avortement, « contrairement à une jurisprudence qui est une décision sujette à interprétation, la loi garantit plus fortement le droit à l'IVG » [1]. Autrement dit, si une jurisprudence peut être fluctuante et être abandonnée à l'issue d'un revirement, la loi assure une plus grande stabilité aux principes qu'elle consacre. Cette consécration pourrait aller encore plus loin qu'une simple légalisation.

---

1 P. LECOUVÉ, Le droit à l'avortement est-il déjà "intégré" dans la Constitution, comme l'affirme Jean-François Copé ?, France Télévisions, 1er juillet 2022

Anne Levade, toujours au sujet de l'avortement, rappelle que les lois concernant ce sujet ont été chacune « soumise au Conseil constitutionnel qui a, à chaque fois, réaffirmé que le droit à l'avortement était conforme à la Constitution ». Ainsi, l'ultime étape qui serait à même de permettre une consécration pleine et entière du droit à la mort dépendrait du Conseil constitutionnel qui pourrait affirmer ou non que c'est là un droit conforme à la Constitution. Il ne pourrait jamais être entendu comme étant intégré dans le bloc de constitutionnalité car celui-ci n'en parle pas. La conformité à la Constitution serait alors la consécration ultime. Didier Maus rappelle à ce propos que lorsque « certains droits sont reconnus comme conformes à la Constitution, on ne revient pas en arrière ensuite » [1]. Autrement dit, reconnaître que le droit à la mort serait conforme à la Constitution reviendrait à lui assurer une certaine pérennité et même s'il pourrait toujours être remis en cause dans la mesure où aucun traité international contraignant sur le sujet n'existe, cela empêcherait un retour en arrière par trop aisé. Toutefois, cette consécration n'apparaît qu'hypothétique dans la mesure où l'euthanasie active ou le suicide assisté n'ont même pas encore fait l'objet d'une dépénalisation en France et dans la mesure où les débats sont extrêmement tendus. Il convient dès lors de s'intéresser aux obstacles qu'ils soient juridiques, politiques ou sociétaux qui s'opposent à une telle consécration.

1 P. LECOUVÉ, Le droit à l'avortement est-il déjà "intégré" dans la Constitution, comme l'affirme Jean-François Copé ?, France Télévisions, 1er juillet 2022

L'ultime étape d'une consécration pleine et entière du droit à la mort se heurtant à de nombreux obstacles

Les obstacles sociétaux ou sociaux peuvent apparaître moindres dans la mesure où une large partie de la population française est favorable à la légalisation du suicide assisté ou de l'euthanasie active. Cependant, le fait qu'elle y soit majoritairement favorable, à hauteur de 78 %, ne signifie pas pour autant qu'il n'y aura pas de soulèvements si une telle loi de légalisation était examinée dans les assemblées. Alors que 65 % des Français étaient favorables au mariage homosexuel en 2012 [1], sa légalisation le 17 mai 2013 avait entraîné des manifestations d'opposants à travers tout le pays. Cette approbation d'une majorité de la population n'empêche donc pas les opposants de manifester leur mécontentement. Ces manifestations n'avaient toutefois pas entraîné de retrait de la loi ni de concessions de la part du pouvoir politique. 70000 mariages et 10 années plus tard, le mariage pour les personnes de même sexe n'est plus remis en cause et certains politiques qui s'étaient prononcés contre son adoption en 2013 regrettent leur position d'alors. Dans le cas de la discussion d'un projet de loi légalisant le suicide assisté ou l'euthanasie active au Parlement, il y aurait indéniablement des débats houleux entre les différents partis politiques car historiquement, la droite et l'extrême droite sont opposées à une telle légalisation tandis que la gauche et l'extrême-gauche y sont plutôt favorables.

Ces obstacles politiques à l'aide active à mourir seront probablement les plus difficiles à surmonter car des résultats ds débats découlera ou non sa légalisa-

1 Sondage réalisé par l'Ifop pour Le Monde, novembre 2012

tion. Cette affirmation est d'autant plus vraie que ce ne sera pas la première fois qu'un projet concernant ce sujet se présentera devant les assemblées. Jusqu'à présent, les seuls textes déposés ont été des propositions de lois car aucun gouvernement ne s'est jamais positionné en faveur d'une telle légalisation. La dernière proposition en date a été enregistrée à la Présidence du Sénat le 3 mars 2021 et vise à « établir le droit à mourir dans la dignité ». A l'appui de leur proposition, les députés avancent notamment l'adhésion des Français favorables à 96 % à la reconnaissance d'un droit à l'euthanasie [1]. Toutefois, cette proposition est restée lettre morte car suite à la suppression de l'article 1er de la proposition consacrant la légalisation de l'euthanasie, la sénatrice qui avait déposé la proposition l'a retirée estimant que « cet article est au cœur de cette proposition de loi » et donc que sa suppression vide toute la proposition de sa substance. Si un projet de loi venait à être déposé à l'initiative de l'exécutif, la situation serait probablement différente même si la majorité présidentielle à l'Assemblée n'est pas absolue. Cette étape politique ne serait toutefois que la première car des obstacles juridiques pourraient empêcher une législation légalisant l'euthanasie active ou le suicide assisté de voir effectivement le jour.

II- L'intervention seconde bienvenue du juge

Si l'euthanasie active ou le suicide assisté ou les deux venaient à être légalisés en droit français, ils se trouveraient soumis aux différents pouvoirs juridictionnels.

1 Sondage réalisé par l'Ifop pour Lire la société, La situation des libertés publiques en France, mars 2019

Que ce soit les juges au niveau européen (A) ou les juges nationaux (B), ils auraient entre leurs mains le pouvoir de confirmer ou d'infirmer la législation adoptée.

A- Le juge européen, gage de neutralité

Si la CEDH, car il s'agit d'elle lorsque le juge européen est évoqué, laisse aux États le bénéfice d'une large marge d'appréciation en ce qui concerne des questions sensibles comme l'est l'aide active à mourir (1), cela ne l'empêche pas de réaliser un contrôle strict sur les modalités de sa mise en œuvre (2).

La large marge d'appréciation laissée aux États à propos de l'aide active à mourir

La Cour européenne des droits de l'Homme a déjà refusé de consacrer le droit au suicide assisté et à l'euthanasie active. En effet, dans son arrêt Pretty contre Royaume-Uni de 2002 [1], elle a refusé de reconnaître un droit à la mort sur le fondement de l'article 2. Selon elle, cet article 2 ne « saurait être interprété comme conférent un droit à mourir et il ne saurait davantage créer un droit à l'autodétermination en ce sens qu'il donnerait à tout individu le droit de choisir la mort plutôt que la vie. Il n'est donc pas possible d'en déduire un droit à mourir » [2]. Elle a réaffirmé sa jurisprudence avec l'arrêt Haas contre Suisse de 2011 [3] dans lequel elle a redit son refus de consacrer un droit au suicide assisté ou à l'euthanasie et donc son refus de consacrer un droit à

---

1 CEDH, 29 avril 2002, Pretty contre Royaume-Uni, req. n°2346/02

2 Ibid

3 CEDH, 20 janvier 2011, Haas contre Suisse, req. n°31322/07

la mort. Ce refus était cette fois-ci fondé sur l'article 8 de la Convention européenne des droits de l'Homme ; elle a soutenu que le droit à la vie privée ne saurait fonder la consécration d'une obligation positive obligeant les États à adopter des mesures permettant de faciliter la commission d'un suicide. Si la Cour adopte de telles positions en ce qui concerne le suicide assisté et l'euthanasie, c'est parce qu'il n'existe pas de consensus entre les États membres sur la question de la fin de vie et dès lors, elle ne saurait imposer sa position. En revanche, lorsqu'il existe un consensus, elle se permet de proclamer le droit en question comme ce fut le cas avec l'interdiction de la peine de mort avec l'entrée en vigueur du protocole n°13 à la Convention en 2003 abolissant la peine de mort en toutes circonstances.

Toutefois, lorsqu'il n'existe pas de consensus entre les États parties à la CEDH, la Cour laisse aux États une large marge d'appréciation. Ce n'est pas une position surprenante car elle avait déjà statué en ce sens dans un domaine à la fois différent et proche en ce qu'il concerne la vie. En effet, dans son arrêt Vo contre France de 2004 [1], la Cour s'était prononcée sur l'épineuse question du droit à la vie et surtout sur le commencement de celleci. Ainsi, elle avait refusé de statuer dans le sens de la requérante, c'est-à-dire qu'elle avait estimé qu'il n'y avait pas eu de violation de l'article 2 de la Convention. Selon elle, « la vie du fœtus est intimement liée à la vie de la femme qui le porte et ne saurait être considérée isolément ». Dès lors, pour elle, il n'apparaît « ni souhaitable, ni même possible actuellement de répondre dans l'abstrait à la question de savoir si l'enfant à naître est une personne au sens de l'article 2 de la Convention »

1 CEDH, 8 juillet 2004, Vo contre France, req. n°53924/00

et donc de savoir si le droit à la vie peut concerner un embryon. Si la France venait à consacrer le droit à la mort et qu'un recours était intenté devant la CEDH sur cette question à l'aune d'une affaire contentieuse, il est presque évident qu'elle ne prendrait pas position. Cette affirmation se fonde sur l'état d'esprit général de la Cour mais aussi sur les décisions qu'elle a pu rendre dans des domaines où il n'y a pas de consensus européen et où la marge d'appréciation laissée aux États est importante. C'est le cas en ce qui concerne la question sensible de la gestation pour autrui (GPA). Dans deux arrêts du 26 juin 2014 [1], la CEDH a mis « en exergue l'importante marge d'appréciation dont dispose les États » [2] et en l'occurrence la France dans ce domaine. Pour arriver à cette conclusion, elle s'appuie sur deux variables. D'une part, elle se fonde sur les résultats d'une « recherche de droit comparé » [3] en estimant « qu'il n'y a consensus en Europe ni sur la légalité de la gestation pour autrui ni sur la reconnaissance juridique du lien de filiation entre les parents d'intention et les enfants ainsi légalement conçus à l'étranger » [4]. Cette absence de consensus serait aisément constatée en ce qui concerne le suicide assisté ou l'euthanasie active car si certains pays comme les Pays-Bas ou la Belgique ont légalisé l'euthanasie, de nombreux autres y restent farouchement opposés comme

1 CEDH, 26 juin 2014, Mennesson contre France, req. n°65192/11 et CEDH, 26 juin 2014, Labassée contre France, req. n°65941/11

2 N. HERVIEU, La Cour européenne des droits de l'homme, stratège juridictionnel face aux enjeux brûlants de société, La Revue des Droits de l'Homme, septembre 2014

3 CEDH, 26 juin 2014, Mennesson contre France, req. n°65192/11 et CEDH, 26 juin 2014, Labassée contre France, req. n°65941/11

4 Ibid

la Pologne ou l'Irlande et il n'y a pas lieu de penser qu'il y aura des évolutions dans les années à venir. A cette absence de consensus doit s'ajouter l'évidente sensibilité inhérente au sujet. En matière de GPA comme en matière de suicide assisté ou d'euthanasie active, l'absence de consensus reflète le fait que ces sujets suscitent « de délicates interrogations d'ordre éthique » [1]. Il en résulte alors une « ample marge d'appréciation » [2] en matière de GPA « s'agissant de la décision [d'autoriser ce mode de procréation] » [3] et en matière de droit à la mort s'agissant de la décision d'autoriser ou non le suicide assisté ou l'euthanasie active. Ainsi, dans le cadre d'une consécration du droit à la mort par la France et en cas d'affaires contentieuses portées devant la CEDH, il est indéniable qu'il ne saurait y avoir de surprise quant à la réponse de la Cour s'agissant de la légalité de la légalisation de l'euthanasie active ou du suicide assisté car la « prudence strasbourgeoise est de rigueur sur des enjeux aussi débattus que la procréation médicalement assistée, l'adoption, l'avortement ou même le suicide assisté [4] » [5]. Dès lors, les organes de Strasbourg n'ont tendance à « invoquer la marge d'appréciation que face à

1 CEDH, 26 juin 2014, Mennesson contre France, req. n°65192/11 et CEDH, 26 juin 2014, Labassée contre France, req. n°65941/11

2 Ibid

3 Ibid

4 Voir à ce propos l'arrêt CEDH, 19 juillet 2012, Koch contre Allemagne, req. n°497/09 où la Cour, après avoir constaté que la majorité des États signataires de la Convention n'autorisent aucune forme d'assistance au suicide, énonce que les États bénéficient d'une large marge d'appréciation

5 N. HERVIEU, La Cour européenne des droits de l'homme, stratège juridictionnel face aux enjeux brûlants de société, La Revue des Droits de l'Homme, septembre 2014

une décision reflétant un équilibre subtil »[1] ce qui serait sans nul doute le cas dans le domaine de l'euthanasie active ou du suicide assisté.

Le contrôle strict réalisé à propos des modalités de mise en œuvre de l'aide active à mourir

Si la Cour européenne des Droits de l'Homme s'est toujours refusée à condamner un État qui n'avait pas accédé à la demande d'un particulier d'avoir accès au suicide assisté ou à l'euthanasie active, elle s'est intéressée de plus près à une affaire belge[2] où la violation invoquée ne concernait pas l'accès à l'euthanasie active, car la Belgique a depuis longtemps légalisé cette pratique, mais concernait la procédure entourant cette euthanasie. En l'espèce, une femme en dépression depuis plusieurs décennies avait sollicité une euthanasie. Cette demande a été acceptée et réalisée sans que ses enfants n'en soient avertis. C'est alors son fils qui, après avoir épuisé les voies de recours internes, a saisi la CEDH en invoquant la violation des articles 2 et 8 de la Convention respectivement relatifs au droit à la vie et au droit à la vie privée. Avant tout développement, la Cour précise la portée de son arrêt à savoir que n'est pas ici en cause « l'existence du droit à l'euthanasie »[3] mais les « conditions dans lesquelles a été pratiquée dans le cas

1 J. SCHOKKENBROEK, The Prohibition of Discrimination in Article 14 of the Convention and the Margin of Appreciation, Human Rights Law Journal n°19, 1998

2 CEDH, 4 octobre 2022, Mortier contre Belgique, req. n°78017/17

3 P. GRANET, La Belgique sanctionnée par la CEDH en raison de défaillances procédurales dans le contrôle a posteriori d'une euthanasie, Lexis Veille, 6 octobre 2022

rapporté »[1] ainsi que la « compatibilité de ces pratiques avec la Convention elle-même »[2].

Si la Cour a tranché en donnant raison aux deux parties, le fils de la personne ayant eu recours à l'euthanasie et la Belgique relativement au contrôle opéré par la Commission fédérale de contrôle et d'évaluation de l'euthanasie (CFCEE), elle a condamné la Belgique pour violation de l'article 2 de la Convention non pas sur le principe de l'euthanasie en lui-même mais en raison du manque d'impartialité de la CFCEE. Ce manque d'impartialité est déduit du fait que le médecin ayant réalisé l'euthanasie en question faisait également partie de la CFCEE qui est chargée de juger a posteriori de la légalité des euthanasies réalisées. Selon la CEDH, « le système de contrôle établi en l'espèce n'assurait pas [l'indépendance] »[3] de la CFCEE. Ainsi, elle constate à l'unanimité les « défaillances du contrôle a posteriori du de l'euthanasie pratiquée »[4]. Si l'État dispose d'une large marge d'appréciation quant à la légalisation ou non d'une telle pratique, cela est d'ailleurs bien rappelé par cet arrêt qui énonce à de nombreuses reprises que la Cour ne condamne pas la Belgique en raison de la légalisation de l'euthanasie, ce n'est pas pour autant que le contrôle a posteriori réalisé par la CFCEE ne saurait être examiné strictement. Si l'arrêt ne condamne pas la loi belge dépénalisant l'euthanasie, elle affirme toutefois que « son contrôle s'est révélé inopérant en pratique »[5].

1 Ibid

2 Ibid

3 CEDH, 4 octobre 2022, Mortier contre Belgique, req. n°78017/17

4 Ibid

5 P. JOVA, Euthanasie : la CEDH condamne la Belgique et désavoue la commission de contrôle, La Vie, 4 octobre 2022

Il apparaît pertinent de s'intéresser plus avant aux raisons qui ont amenées la Cour à conclure en ce sens. Son argumentaire s'appuie sur l'une des considérations les plus importantes pour la Cour mais aussi pour toutes les juridictions à savoir l'impartialité et l'équité. Autrement dit, si la Cour condamne la Belgique, c'est parce qu'elle lui reproche que les membres de la CFCEE soient à la fois juge et partie. Partie parce que la majorité d'entre eux réalisent des euthanasies ou sont extrêmement favorables à la loi de 2002, juge parce que ce sont eux et eux seuls qui sont chargés de juger de la conformité des euthanasies réalisés à la loi de 2002. La composition de la CFCEE ne permet dès lors pas d'assurer « l'existence d'un contrôle a posteriori offrant toutes les garanties requises par l'article 2 de la Convention » [1]. Est-il dès lors pertinent, pour la France, de s'inspirer du modèle belge ? Si la loi de 2002 pourrait guider le législateur français, la procédure de contrôle nécessairement instaurée dans le cadre d'une légalisation de l'euthanasie ou du suicide assisté devrait probablement s'éloigner de celle prévue par la législation belge afin de se prémunir contre les éventuels recours intentés au nom de la violation de l'article 2 de la Convention.

B- Les juges nationaux, parties prenantes aux débats

Il convient non pas de parler du juge national mais des juges nationaux en ce que le Conseil constitutionnel (1) et le Conseil d'État (2) seraient tous deux amenés à statuer sur une possible législation relative à l'aide active à mourir. Il ne sera pas ici question de la Cour de cassation car ce mémoire s'intéresse aux dimensions pu-

1 CEDH, 4 octobre 2022, Mortier contre Belgique, req. n°78017/17

blicistes du droit à la mort et non pas à ses dimensions privatistes.

Le Conseil constitutionnel, organe d'appui à la consécration d'un droit à la mort

Le Conseil constitutionnel pourrait intervenir avec le contrôle de la constitutionnalité d'une éventuelle loi de légalisation de l'aide active à mourir de deux façons. Si le contrôle de constitutionnalité a priori doit d'abord être évoqué, le contrôle de constitutionnalité a posteriori, évoqué ultérieurement, se révèle bien plus intéressant. Outre les divergences entre contrôle a priori et contrôle a posteriori relativement aux normes de références utilisées par le CCO, il convient de s'intéresser plus particulièrement à l'objet du contrôle a priori qui est un contrôle abstrait par voie d'action. Dans ce dernier, les autorités de saisine soumettent « les mots d'un texte en devenir de norme et s'en remettent à l'imagination du Conseil constitutionnel pour anticiper sur les applications futures de la loi votée [...] et en apprécier abstraitement la constitutionnalité, une fois pour toutes, en fonction d'un contexte constitutionnel figé » [1]. Cette possibilité relève de l'article 61 de la Constitution disposant que « les lois organiques, avant leur promulgation » notamment « doivent être [soumises] au Conseil constitutionnel, qui se prononce sur leur conformité à la Constitution » et surtout qu'aux « mêmes fins, les lois peuvent être déférées au Conseil constitutionnel, avant leur promulgation, par le Président de la République, le Premier ministre, le Président de l'Assemblée nationale,

1 J. BONNET, Les contrôles a priori et a posteriori, Nouveaux Cahiers du Conseil constitutionnel n° 40 (Dossier : Le Conseil constitutionnel : trois ans de QPC), juin 2013

le Président du Sénat ou soixante députés ou soixante sénateurs ». Ainsi, dans le cas de l'adoption d'une loi légalisant l'aide active à mourir, le Conseil constitutionnel pourrait être saisi a priori afin qu'il puisse se prononcer sur la conformité ou non d'une telle loi avec la Constitution. Nul doute n'est permis quant au saisissement de cette possibilité en cas de légalisation car le sujet est hautement sensible et de nombreux opposants se sont déjà fait connaître alors même qu'aucun texte n'est à l'étude.

En ce qui concerne le contrôle de constitutionnalité a posteriori qui est un contrôle concret par voie d'exception, son objet est sensiblement différent de celui du contrôle a priori. Il vise « une loi promulguée, confrontée aux réelles incidences de son environnement factuel et juridique et envisagé dans la portée que lui confère l'interprétation constante du Conseil d'État et de la Cour de cassation » [1]. Ce contrôle de constitutionnalité a posteriori s'incarne dans la question prioritaire de constitutionnalité (QPC) introduite en France lors de la réforme constitutionnelle du 23 juillet 2008 [2] entrée en vigueur le 1er mars 2010. Cette QPC, prévue par l'article 61-1C de la Constitution, permet aux justiciables de « contester, par voie d'exception, auprès du Conseil constitutionnel la constitutionnalité d'une disposition législative déjà promulguée qui porterait atteinte à ses droits et libertés par la Constitution » [3]. Cette nouveauté, plus si

1 J. BONNET, Les contrôles a priori et a posteriori, Nouveaux Cahiers du Conseil constitutionnel n° 40 (Dossier : Le Conseil constitutionnel : trois ans de QPC), juin 2013

2 Article 29 de la loi constitutionnelle n°2008-724 du 23 juillet 2008 de modernisation des institutions de la V° République

3 G. PROTIÈRE, N. CHAMBARDON, M. MALBLANC, J. BÉAL-LONG, La question prioritaire de constitutionnalité in Les

récente que cela, est appuyée par les écarts de sens et de portée fréquents constatés entre « le texte de la loi et la loi vivante » [1]. Ce contrôle permet ainsi de faire émerger des « vices insoupçonnés d'inconstitutionnalité, notamment des griefs à front renversé de ceux examinés dans le contrôle a priori [2] » [3]. Il est certain que si une loi venait légaliser l'aide active à mourir, que ce soit l'euthanasie active ou le suicide assisté, des justiciables se prévaudraient des droits et libertés de la Constitution pour la contester. Cela n'est pas, en soi, une mauvaise chose en ce qu'une telle QPC permettrait au CCO de clarifier sa position et les raisons pour lesquelles elle estime qu'un tel droit à la mort est conforme à la Constitution. Quand il s'agit d'expliquer les raisons d'être d'un droit, il n'y a jamais trop de rappels.

Le Conseil d'État, organe de confirmation de la consécration d'un droit à la mort

Le Conseil d'État, dans le cas d'une légalisation du droit à la mort, pourrait intervenir aussi bien au fond qu'en urgence, cette dernière possibilité étant encore plus pertinente compte tenu du sujet. L'urgence fait référence au référé-liberté introduit en droit français par la loi du 30 juin 2000 [4] et permet d'obtenir du juge ad-

---

indispensables du droit constitutionnel, Ellipses, 2016, pp. 231-236

1 J. BONNET, Les contrôles a priori et a posteriori, Nouveaux Cahiers du Conseil constitutionnel n° 40 (Dossier : Le Conseil constitutionnel : trois ans de QPC), juin 2013

2 QPC, 4 février 2011, n°2010-98, Voir M. DISANT, Droit de la question prioritaire de constitutionnalité, Lamy, 2012, p. 24

3 J. BONNET, Les contrôles a priori et a posteriori, Nouveaux Cahiers du Conseil constitutionnel n° 40 (Dossier : Le Conseil constitutionnel : trois ans de QPC), juin 2013

4 LOI n°2000-597 du 30 juin 2000 relative au référé devant les

ministratif les mesures nécessaires à la sauvegarde d'une liberté fondamentale lorsque l'administration y a porté atteinte de manière grave et illégale. Les justiciables pourraient s'appuyer sur la liste des libertés fondamentales reconnues par le juge des référés-libertés depuis 2001 au titre desquelles figure notamment le « droit au respect de la vie » et le « droit du patient de consentir à un traitement médical et de ne pas subir un traitement qui serait le résultat d'une obstination déraisonnable » [1] depuis 2014. Mais le Conseil d'État pourrait également consacrer une nouvelle liberté-fondamentale comme le « droit de choisir sa fin de vie » et dès lors, il permettrait aux justiciables de recourir à lui lorsque cette liberté fondamentale serait menacée. Dans le cas du droit à la mort, cette procédure d'urgence apparaît d'autant plus pertinente que si un patient était euthanasié, il n'y aurait pas de retour en arrière possible. Il est dès lors primordial que le juge puisse se prononcer rapidement mais aussi et surtout qu'il puisse prendre des mesures provisoires et suspendre une mesure qui porterait atteinte à une liberté fondamentale. Ce recours pourrait aussi bien être utilisé pour garantir le droit à la mort que pour empêcher un suicide assisté ou une euthanasie qui seraient illégaux.

Le Conseil d'État pourrait également intervenir *au fond*. Autrement dit, il pourrait trancher définitivement un litige opposant un individu à l'administration. Dans ce cas, il se contenterait d'examiner si la mesure ou la décision de l'administration est légale ou non et de l'annuler ou pas en conséquence. Ce type de recours *au fond* apparaît moins pertinent que le référé-liberté car si les

---

juridictions administratives

1 CE, 24 juin 2014, n°375081, n° 375090 et n° 375091

procédures entourant la mise en œuvre du suicide assisté ou de l'euthanasie sont jugées inopérantes, le patient sera déjà mort et il ne pourra plus être fait marche arrière. Toutefois, il pourrait tout de même permettre au Conseil d'État d'étayer sa position concernant le droit à la mort ce qui est toujours une bonne chose. Seul l'avenir pourra dire le type de recours privilégié et la façon dont ces recours seront utilisés si un droit à la mort venait à être consacré en France.

CONCLUSION

« Les vérités écrasantes périssent d'être reconnues ».
Camus, Le Mythe de Sisyphe [1]

La mort effraie l'Homme. Cette peur se caractérise par le refus de l'État de s'empa-rer de la question dans le sens d'une modification de l'ordonnancement juridique actuel. Cette situation va toutefois peut être évoluer dans les mois ou années à venir suite aux réunions de la Convention citoyenne sur la fin de vie de décembre 2022 à avril 2023 et des conclusions qui en ont été tirées. Les 184 citoyens tirés au sort se sont en effet prononcés en faveur d'une aide active à mourir à hauteur de 75,6 % en considérant que le cadre légal en vigueur, à savoir la loi Claeys-Léonetti de 2016, est insuffisant. Ainsi, elle se prononce pour une mise en place conjointe du suicide assisté et de l'euthanasie considérant que choisir l'une des deux solutions ne répondrait pas à la diversité des situations rencontrées. La consécration d'un droit à la mort paraît alors non seulement possible mais surtout inévitable. Pour Michel Castra, « notre propre mort nous appartient [...] et nous avons le droit de ne pas en être privé. [...] Il faut pouvoir agir sa mort, la faire sienne, la vivre dans le respect de son for intérieur » [2]. Consacrer un droit à la mort reviendrait alors à se saisir de son humanité pour en exprimer toute la potentialité. Potentialité qui se trouverait saisie par le droit si une légalisation de l'euthanasie et du suicide assisté venait à intervenir.

1 A. CAMUS, Le mythe de Sisyphe, 1942

2 M. CASTRA, Transformations des conditions du mourir et nouvelles formes de socialisation à la mort in La fin de vie, Préoccupations légales et éthiques, Droits et cultures, 2018

BIBLIOGRAPHIE

Histoire, philosophie et littérature

- T. D'AQUIN, Somme théologique, Les éditions du Cerf, 1984
- ARISTOTE, Éthique à Nicomaque (1990), I, 6 et III, 4, Paris, Vrin
- A. CAMUS, Le mythe de Sisyphe, 1942
- A. CAMUS, L'homme révolté, 1951
- P. ELUARD, Liberté in Poésie et vérité, 1942
- Q. ENNIUS, Médée
- HOBBES, Léviathan, Dalloz, Collection Vrin, 2004
- A. LEJEUNE et G. HARDY, Documentaire Les mots de la fin, 2021
- MONTAIGNE, Essais III, Classiques Garnier, 2022
- B. PASCAL, Pensée, Le livre de poche, Collection Classiques de poche, 2000
- J. PIC DE LA MIRANDOLE, Discours sur la dignité de l'homme (1486), in Œuvres philosophiques, trad. O. Boulnois et G. Tognon, PUF, 1993
- SÉNÈQUE, Lettres à Lucilius, Lettre LXX, Hatier, 2001
- SÉNÈQUE, Questions naturelles Tome 2, Livres 4 à 7, Belles Lettres Collection Des Universités De France, 1929
- SHAKESPEARE, Hamlet, 1603
- SUÉTONE rapportant les propos d'AUGUSTE, Vie des douze Césars, 121
- A. (de) TOCQUEVILLE, De la démocratie en Amérique, GF Flammarion, 1981

Dictionnaires

- D. CHAGNOLLAUD et G. FRAGO (dir.), E. DREYER, Dictionnaire des droits fondamentaux, Dalloz, 2006
- A. COMTE-SPONVILLE, Dictionnaire philosophique, 2001
- G. CORNU (dir), Vocabulaire juridique de l'association Henri Capitant, PUF, 2022

Ouvrages juridiques généraux

- A. BATTEUR, Droit des personnes, des familles et des majeurs protégés, LGDJ, 2021
- J-R. BINET, Droit de la bioéthique, LGDJ, 2e édition, 2023
- G. BURDEAU, Les libertés publiques, LGDJ, 1961
- J. PRADEL, Droit pénal général, Cujas, 2014
- J. RIVERO, Les libertés publiques, t. 1, Les droits de l'homme, PUF, Thémis, 1995
- J. ROBERT et J. DUFFAR, Droits de l'homme et libertés fondamentales, Montchrestien, 5e édition, 1994
- C. SÄGESSER, Les droits de l'homme, Dossiers du CRISP, 2009

Ouvrages juridiques spéciaux

- A. BAYLE, Volonté individuelle et euthanasie active : les voies de l'Europe in De la volonté individuelle, M. NICOD (dir.) Presses de l'Université Toulouse Capitole, 2009
- X. BIOY, Le libre développement de la personnalité en droit constitutionnel essai de comparaison (Allemagne, Espagne, France, Italie, Suisse) in Revue internationale de droit comparé, Volume 55 N°1, 2003
- X. BIOY, Les limites du « renoncement » aux droits

fondamentaux in Le renoncement en droit public, N. ACQUINOT (dir.) Université Toulouse 1 Capitole : Presses de l'Université Toulouse Capitole, 2021
- T. BONI, Qu'est-ce qu'une vie digne ?, Diogène, volume 253, n°1, 2016
- D. BORRILLO, Libre disposition de soi : un droit fondamental, 2015
- R. BOURRET, F. VIALLA, E. MARTINEZ, Du « cardinal » au relatif : les avatars du principe de dignité dans la « jurisprudence » éthique du Comité Consultatif National d'Éthique in Médecine & Droit, 2014
- G. BURDEAU, La démocratie, Seuil, 1966
- M. CASTRA, Bien mourir. Sociologie des soins palliatifs, PUF, 2003
- M. CASTRA, Transformations des conditions du mourir et nouvelles formes de socialisation à la mort in La fin de vie, Préoccupations légales et éthiques, Droits et cultures, 2018
- J. DABIN, Droit subjectif et subjectivisme juridique in Le droit subjectif en question, Dalloz, 2014
- M. FABRE-MAGNAN, Le statut juridique du principe de dignité in Droits 2013/2 n° 58, PUF
- M. FOUCAULT, Surveiller et punir, Gallimard, 1975
- P. FRUMER, La renonciation aux droits et libertés, La Convention européenne des droits de l'homme à l'épreuve de la volonté individuelle, Bruylant, Bruxelles, 2001, p. 13-14
- G. GURVITCH, L'idée du droit social, Scientia Verlag Aalen, 1932
- M. HAURIOU, De la personnalité comme élément de la réalité sociale, RGDL 1898
- G. JELLINEK, La déclaration des droits de l'homme, 1904
- G. JELLINEK, Système des droits publics subjectifs,

2e édition, 1905
- P. KAYSER, Le secret de la vie privée et la jurisprudence civile in Mélanges René Savatier, Dalloz, 1965
- E. MARTINEZ, Le Comité Consultatif National d'Éthique et le principe de dignité in Droit, déontologie et soins, Masson, 2003
- B. MATHIEU, Le droit à la vie, Editions du Conseil de l'Europe, 2005
- R. PELLOUX, Vrais et faux droits de l'homme, problèmes de définition et de classification, RD publ., 1981
- M. PICHARD, Le droit à. Étude de législation française, Economica, 2006
- A. PLANTEY, S. MOUTON, Première table ronde. Les aspects constitutionnels de la liberté personnelle in : La liberté personnelle : Une autre conception de la liberté ? Presses de l'Université Toulouse Capitole, 2006
- G. PROTIÈRE, N. CHAMBARDON, M. MALBLANC, J. BÉAL-LONG, La question prioritaire de constitutionnalité in Les indispensables du droit constitutionnel, Ellipses, 2016
- F. RANGEON, Droits-libertés et droits-créances : les contradictions du préambule de la Constitution de 1946 in G. KOUBI et alii, Le Préambule de la Constitution de 1946, Antinomies juridiques et contradictions politiques, PUF, 1996
- J. RIVERO, La distinction du droit et du fait dans la jurisprudence du Conseil d'État français, Dialectica, Volume 15, No. 3/4, 1961
- A. VIALA, L'Âge classique et les Lumières, PUF, 2015
- M. WALINE, L'individualisme et le droit, Domat-Montchres 1945
- A. ZIELINSKI, Le libre choix. De l'autonomie rêvée à l'attention aux capacités, Gérontologie et société, volume 32/131, n°4, 2009

- J. BONNET, Les contrôles a priori et a posteriori, Nouveaux Cahiers du Conseil constitutionnel n° 40 (Dossier : Le Conseil constitutionnel : trois ans de QPC), 2013
- L. DEVILLAIRS, Fin de vie : qu'est-ce qu'une vie digne ?, Tribune La Croix, 2023
- M. DISANT, Droit de la question prioritaire de constitutionnalité, Lamy, 2012
- B. FEUILLET-LIGER, K. ORFALI, La réalité de deux principes de protection du corps dans le cadre de la biomédecine : La dignité et la non patrimonialité Étude internationale et pluridisciplinaire, Mission de recherche Droit et Justice, 2016
- L. FONTAINE, L'exécution des décisions administratives, La lettre juridique, 2013
- P. GRANET, La Belgique sanctionnée par la CEDH en raison de défaillances procédurales dans le contrôle a posteriori d'une euthanasie, Lexis Veille, 6 octobre 2022
- N. HERVIEU, La Cour européenne des droits de l'homme, stratège juridictionnel face aux enjeux brûlants de société, La Revue des Droits de l'Homme, 2014
- P. JOVA, Euthanasie : la CEDH condamne la Belgique et désavoue la commission de contrôle, La Vie, 4 octobre 2022
- C. LACROIX, Euthanasie : quand les proches s'en mêlent, Dalloz actualités, 2022
- M. LANDA, Mourir, un droit, Le Monde, 17 novembre 1979
- P. LECOUVÉ, Le droit à l'avortement est-il déjà "intégré" dans la Constitution, comme l'affirme Jean-François Copé ?, France Télévisions, 1er juillet 2022
- B. MATHIEU, Chapitre 2. Le principe de dignité : un

principe universel de portée limitée in Journal international de bioéthique et d'éthique des sciences, 2020
- J. SCHOKKENBROEK, The Prohibition of Discrimination in Article 14 of the Convention and the Margin of Appreciation, Human Rights Law Journal n°19, 1998
- Courrier juridique des Affaires sociales et des Sports, Dossier La disparition des actes administratifs, n°86 mars /avril 2011
- Appel de 175 associations de bénévoles en soins palliatifs : « 12 raisons de dire non à l'euthanasie et oui aux soins palliatifs », La vie pas la mort, 2018

Lois, ordonnances, circulaires et décrets

- Décret du 27 avril 1848 relatif à l'abolition de l'esclavage dans les colonies et possessions françaises
- Ordonnance n° 45-2250 du 4 octobre 1945 portant organisation de la sécurité sociale et Ordonnance n° 45-2456 du 19 octobre 1945 portant statut de la mutualité
- Circulaire du Ministère des Affaires Sociales et de l'Emploi relative à l'organisation des soins et à l'accompagnement des malades en phase terminale, 26 août 1986
- LOI n° 94-548 du 1er juillet 1994 relative au traitement de données nominatives ayant pour fin la recherche dans le domaine de la santé et modifiant la loi n° 78-17 du 6 janvier 1978 relative à l'informatique, aux fichiers et aux libertés
- LOI n° 94-653 du 29 juillet 1994 relative au respect du corps humain
- LOI n° 94-654 du 29 juillet 1994 relative au don et à l'utilisation des éléments et produits du corps humain, à l'assistance médicale à la procréation et au diagnostic prénatal
- LOI n° 99-477 du 9 juin 1999 visant à garantir le droit

à l'accès aux soins palliatifs
- LOI n°2000-597 du 30 juin 2000 relative au référé devant les juridictions administratives
- LOI n° 2002-303 du 4 mars 2002 relative aux droits des malades et à la qualité du système de santé
- LOI n° 2004-800 du 6 août 2004 relative à la bioéthique
- LOI n° 2005-370 du 22 avril 2005 relative aux droits des malades et à la fin de vie
- LOI constitutionnelle n°2008-724 du 23 juillet 2008 de modernisation des institutions de la V° République
- LOI n°2011-814 du 7 juillet 2011 relative à la bioéthique
- Proposition de loi du Sénat n°735 relative à l'assistance médicalisée pour mourir enregistrée à la Présidence du Sénat le 31 juillet 2012
- LOI n° 2016-87 du 2 février 2016 créant de nouveaux droits en faveur des malades et des personnes en fin de vie
- LOI n°2021-1017 du 2 août 2021 relative à la bioéthique

Codes

- Code de la santé publique, Dalloz, 2022
- Code des relations entre le public et l'administration, Dalloz, 2022

Législation française et étrangère

- Déclaration des droits de l'homme et du citoyen, 1789
- Code pénal suisse 311.0, article 114, version en vigueur depuis le 1er janvier 1990
- State of Oregon, Death with Dignity Act, October 27th 1997
- Charte des droits fondamentaux de l'Union européenne, 2000

Rapports, avis et délibérations

- CCNE, avis n°63 du 27 janvier 2000, « Fin de vie, arrêt de vie et euthanasie »
- Société française d'accompagnement et de soins palliatifs, Définition des soins palliatifs par l'OMS, 2005
- CCNE, Avis n°110 du 1er avril 2010, « Problèmes éthiques soulevés par la gestation pour autrui (GPA) »
- J. LEONETTI, Rapport fait au nom de la Commission des affaires sociales sur la proposition de loi visant à renforcer les droits des patients en fin de vie, enregistré à la Présidence de l'Assemblée nationale le 17 avril 2013
- Discours de Jean-Marc Sauvé, Vice-président du Conseil d'État prononcé à l'occasion du Colloque organisé par l'Université Lille 2 « La fin de vie saisie par le droit : le droit de la fin de vie » à Lille, le 24 février 2015
- CCNE, avis n°139 du 13 septembre 2022, « Questions éthiques relatives aux situations de fin de vie : autonomie et solidarité »

Thèses

- S-M. FERRIÉ, Le droit à l'autodétermination de la personne humaine : essai en faveur du renouvellement des pouvoirs de la personne sur son corps, Thèse publiée dans la collection Bibliothèque IRJS André Tunc, 2018
- S. PERERA, Le principe de liberté en droit public français, collection Thèses, Paris, LGDJ, 2021

TABLE DE JURISPRUDENCES

Jurisprudence judiciaire

- CA Paris, 15 mai 1970
- Crim, 10 juillet 1973, pourvoi n°73-90.104
- Civ. 1ère, 13 février 1985, pourvoi n°84-11.524
- Civ. 1ère, 6 juin 1987, pourvoi n°86-16.185
- Civ. 1ère, 19 mars 1991, pourvoi n°89-19.960
- Civ. 1ère, 20 décembre 2000, pourvoi n°98-13.875

Jurisprudence administrative

- CE, 9 mai 1913, Roubeau et autres
- CE, Ass, 27 octobre 1995, Commune de Morsang-sur-Orge et Ville d'Aix-en-Provence
- CE, 5 décembre 2011, n°331358
- CAA Bordeaux, 12 mars 2013, n°11BX03235
- CE, Ass, 24 juin 2014, n°375081, n°375090 et n°375091
- CAA Marseille, 25 avril 2016, n°15MA00339
- CAA Douai, 20 juin 2017, n°15DA01737
- CE, 28 décembre 2017, n°400560
- CE, 14 février 2018, n°416348
- CE, 29 novembre 2022, n°466082

Jurisprudence constitutionnelle

- DC, 27 décembre 1973, Loi de finances pour 1974, n° 73-51
- DC, 12 janvier 1977, Loi autorisant la visite des véhicules en vue de la recherche et de la prévention des infractions pénales, n° 76-75
- DC, 29 décembre 1983, Loi de finances pour 1984, n° 83-164
- DC, 29 janvier 1988, Loi sur les bourses de valeurs, n° 87-240

- DC, 25 février 1992, Loi portant modification de l'ordonnance n° 45-2658 du 2 novembre 1945 modifiée relative aux conditions d'entrée et de séjour des étrangers en France, n° 92- 307
- DC, 27 juillet 1994, Bioéthique, n° 94-343/344
- DC, 19 janvier 1995, Loi relative à la diversité de l'habitat, n° 94-359
- DC, 23 juillet 1996, n° 99-416
- DC, 29 juillet 1998, Loi d'orientation relative à la lutte contre les exclusions, n° 98-403
- DC, 23 juillet 1999, Loi portant création d'une couverture maladie universelle, n° 99-416
- DC, 20 novembre 2003, Loi relative à la maîtrise de l'immigration, au séjour des étrangers en France et à la nationalité, n°2003-484
- DC, 29 juillet 2004, Loi relative à la protection des personnes physiques à l'égard des traitements de données à caractère personnel et modifiant la loi n° 78-17 du 6 janvier 1978 relative à l'informatique, aux fichiers et aux libertés, n°2004-499
- QPC, 4 février 2011, n°2010-98
- QPC, 10 novembre 2022, n° 2022-1022

- CEDH, 25 mars 1992, Affaire Van Oosterwijck contre Belgique, req. n°7654/76
- CEDH, 22 novembre 1995, S.W. contre Royaume-Uni, req. n°20166/92
- CEDH, 22 mars 2001, Affaire K.-H.W. contre Allemagne, req. n°37201/97
- CEDH, 29 avril 2002, Pretty contre Royaume-Uni, req. n°2346/02
- CEDH, 8 juillet 2004, Vo contre France, req. n°53924/00
- CJCE, 14 octobre 2004, Omega Spielhallen, affaire C-36/02
- CEDH, 17 février 2005, K.A. et A.D. contre Belgique, req. n°42758/98 et req. n°45558/99
- CEDH, 20 mars 2007, Tysiac contre Pologne, req. n°5410/03
- CEDH, 10 avril 2007, Evans contre Royaume-Uni, req. n°6339/50
- CEDH, 20 janvier 2011, Haas contre Suisse, req. n°313 22/07
- CEDH, 26 juillet 2011, Georgel et Georgeta Stoicescu contre Roumanie, req. n°9718/03
- CEDH, 26 juin 2014, Labassée contre France, req. n°65941/11
- CEDH, 26 juin 2014, Mennesson contre France, req. n°65192/11
- CEDH, 4 octobre 2022, Mortier contre Belgique, req. n°78017/17

Structures éditoriales du groupe L'Harmattan

L'Harmattan Italie
Via degli Artisti, 15
10124 Torino
harmattan.italia@gmail.com

L'Harmattan Hongrie
Kossuth l. u. 14-16.
1053 Budapest
harmattan@harmattan.hu

L'Harmattan Sénégal
10 VDN en face Mermoz
BP 45034 Dakar-Fann
senharmattan@gmail.com

L'Harmattan Cameroun
TSINGA/FECAFOOT
BP 11486 Yaoundé
inkoukam@gmail.com

L'Harmattan Burkina Faso
Achille Somé – tengnule@hotmail.fr

L'Harmattan Guinée
Almamya, rue KA 028 OKB Agency
BP 3470 Conakry
harmattanguinee@yahoo.fr

L'Harmattan RDC
185, avenue Nyangwe
Commune de Lingwala – Kinshasa
matangilamusadila@yahoo.fr

L'Harmattan Congo
219, avenue Nelson Mandela
BP 2874 Brazzaville
harmattan.congo@yahoo.fr

L'Harmattan Mali
ACI 2000 - Immeuble Mgr Jean Marie Cisse
Bureau 10
BP 145 Bamako-Mali
mali@harmattan.fr

L'Harmattan Togo
Djidjole – Lomé
Maison Amela
face EPP BATOME
ddamela@aol.com

L'Harmattan Côte d'Ivoire
Résidence Karl – Cité des Arts
Abidjan-Cocody
03 BP 1588 Abidjan
espace_harmattan.ci@hotmail.fr

Nos librairies en France

Librairie internationale
16, rue des Écoles
75005 Paris
librairie.internationale@harmattan.fr
01 40 46 79 11
www.librairieharmattan.com

Librairie des savoirs
21, rue des Écoles
75005 Paris
librairie.sh@harmattan.fr
01 46 34 13 71
www.librairieharmattansh.com

Librairie Le Lucernaire
53, rue Notre-Dame-des-Champs
75006 Paris
librairie@lucernaire.fr
01 42 22 67 13

www.ingramcontent.com/pod-product-compliance
Lightning Source LLC
LaVergne TN
LVHW021233061026
849535LV00008B/3042